Take off

Sei gewarnt: Dieser Band macht Hunger und Reiselust! Von Peking-Teigtaschen mit 2000 Jahren Tradition bis zum neuesten Veggietrend in Warschau, vom Dönerspieß reloaded aus Berlin bis zum sündigsten Süßkram in Madrid. Jede Stadt hat ihre eigenen Lieblingsgerichte. Welche das sind? Genau das gilt es zu erkunden. Denn nur wer weiß, wie die Stadt isst, versteht, wie sie tickt!

18

Ramen
Wo? Natürlich in Düsseldorf

80

Chicken Tikka Masala
Londoner Lieblingsgericht

Niete
Hmmm ... Surströmming

56

Kumpir
Istanbuls Streetfood

Wirf eine Münze

Die Welt ist groß. Der Urlaub ist klein. Nicht immer fällt es leicht, das passende Ziel auszusuchen. Lass doch einfach das gute alte Schicksal entscheiden. Überzeugt? Dann halt dich an folgende Spielregeln: Wirf eine Münze auf diese Seiten. Wo sie landet, landest auch du.

42

Eierschecke
Made in Dresden

118

Döner
Schmeckt am besten in Berlin

Niete
Es gibt Nudeln mit Ketchup

144

Zimtschnecke
... zum Kaffee in Stockholm

Joker
Du gehst auf Weltreise

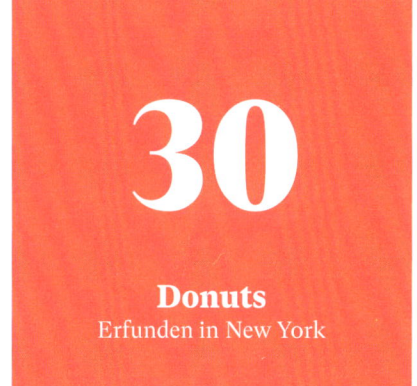

30

Donuts
Erfunden in New York

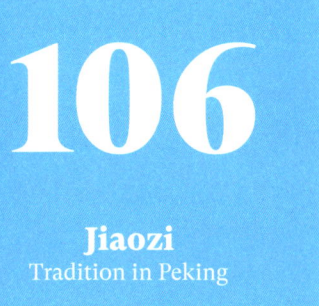

106

Jiaozi
Tradition in Peking

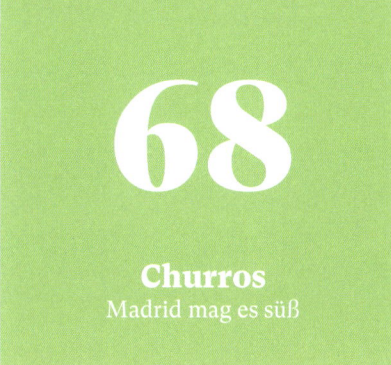

68

Churros
Madrid mag es süß

132

Vegan
Riesige Auswahl in Warschau

94

Schnitzel
Einmal das Orginal in Wien

06

Belgische Fritten
Von den Pommesprofis in Brüssel

Joker
Du gehst auf Weltreise

Brü

Doppelt frittiert hält besser, wissen die Brüsseler, und die kennen sich aus. Fritten sind schließlich belgisches Nationalgericht.

ssel

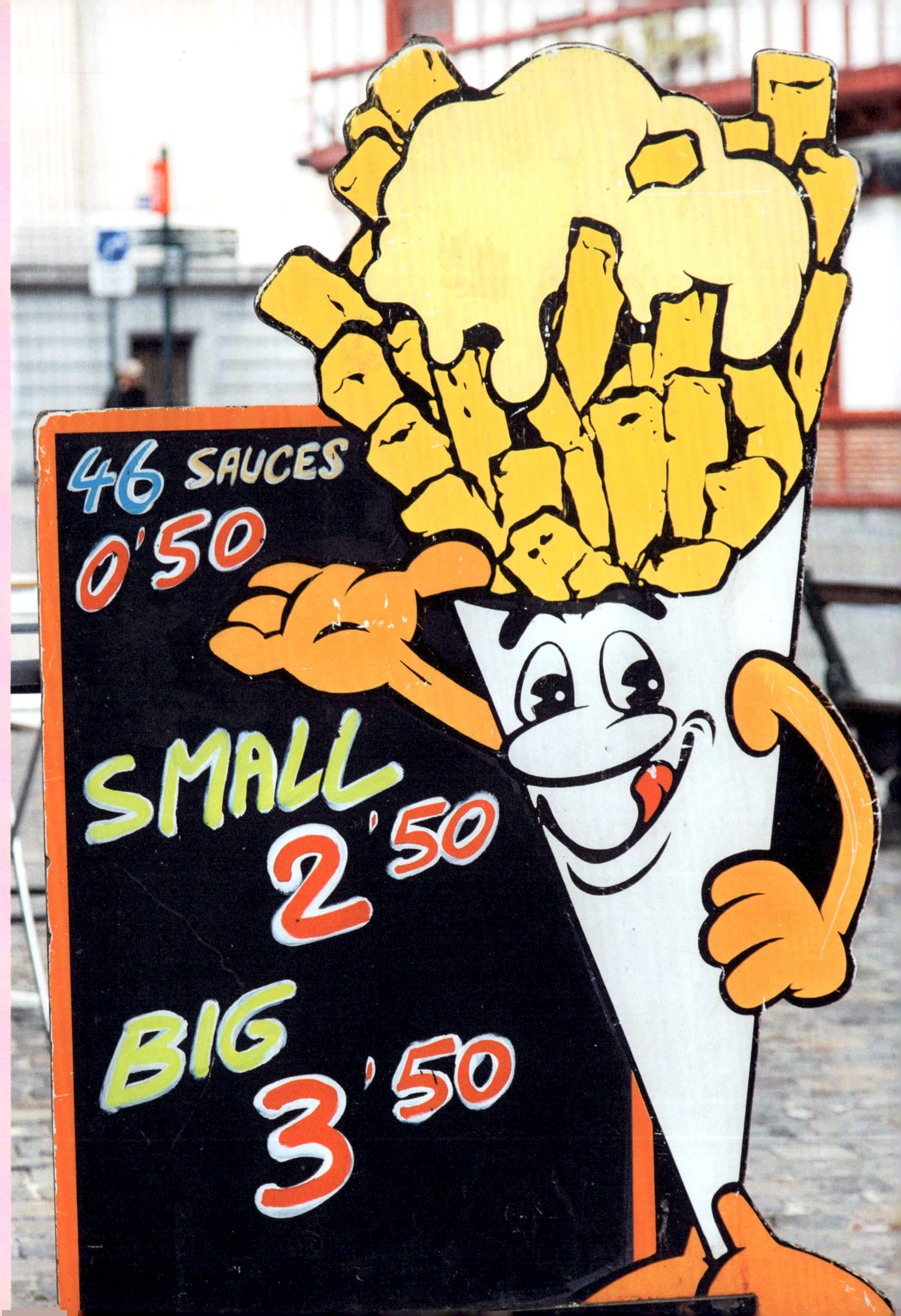

Brüssel bietet mehr als Ketchup & Mayo zu den Fritten

Budenzauber von Pommesprofis

Welche Kartoffelsorte? Welche Sauce? Eher zehn oder zwölf Millimeter Stäbchendicke? Wer sich diese Fragen bislang nicht gestellt hat, ist offensichtlich kein Belgier. Die (nicht etwa Franzosen!) haben, so zumindest die Legende, in einem harten Winter zwischen 1650 und 1850 an der zugefrorenen Maas statt Fischen Kartoffeln frittiert. Seitdem sind Pommes frites zelebriertes Nationalgericht, und die besten werden natürlich in der Hauptstadt gebräunt.

Unverzichtbare Qualitätskriterien: handgeschnitzt, doppelt frittiert, serviert in einer Papiertüte, oft mit extra Anbau für eine der über 20 Saucen (Standardauswahl). Fritten rot-weiß als Matsch in der Schale mögen in deutschen Freibädern durchgehen. Die Betreiber der Fritkos, wie die Buden in Belgien heißen, hingegen setzen auf Vielfalt von Erdnuss- bis Blumenkohlsauce sowie die einzigartige äußere Knusprigkeit. Zu deren Gelingen trägt maßgeblich der Einsatz von Rinderfett oder Pferdeschmalz im Frittiertrog bei. Mancher Pommesprofi hat mittlerweile aber sein Herz für Vegetarier entdeckt und nutzt entgegen aller Tradition Pflanzenöl – einfach nachfragen.

Voll auf die Fritte

Hippe Fritte

1

Veganer und Öko-Jünger können aufatmen: In der trendigen *Bintje Bar* sind die Pommes bio und schonend in Pflanzenöl gegart. An den Start ging die *Bar à frites* dem Namen gemäß nur mit Pommes. Mittlerweile gibt es auch Burger, zu verzehren im minimalistischen Ambiente, nur echt mit Craftbeer-Auswahl und freigelegter Backsteinwand.

Bintje Bar · Rue Simonis 62 · Facebook: Bintjebar

Prominent

2

Dem schicken Neubau sieht man es nicht an, doch im *Maison Antoine* (Foto u.) werden die Pommes bereits in dritter Generation frittiert. Die Familie Desmet weiß einfach, was sie tut (und warum sie 2017 neu und größer bauen ließ). Promis von Catherine Deneuve bis Angela Merkel wissen das zu schätzen. Aufgrund der Lage mitten im Europaviertel kommen Pommes-Enthusiasten, Touristen und EU-Parlamentarier gern hierher. Eine frische Fritte will da manchmal Weile haben. Die Wartezeit lässt sich aber mit der Qual der Wahl aus 30 hausgemachten Saucensorten vertreiben.

Maison Antoine · Place Jourdan 1 · maisonantoine.be

Der Klassiker

3

50 Jahre Frittiertradion hielten die Besitzer der Bude nicht davon ab, sich einen eigenen Hashtag *(#friteriedela-barriere)* zuzulegen. So kann man sich schon mal digital das Wasser im Mund zusammenlaufen lassen, bevor der Realitäts-Check in der schmalen Hütte gleich neben der Bushaltestelle erfolgt. Echt lecker! Schöne Jugendstilbauten und Künstlerflair gibt es im Stadtteil Saint-Gilles gratis dazu.

Friterie de la Barrière · Avenue du Parc 5 · friteriebarriere.be

Home Frit' Home

5

Ist ja klar: Diese Stadt widmet ihrer Leibspeise auch ein Museum. Über 500 Exponate zeigt das *Home Frit' Home*, von der Pommestüte im Wandel der Zeit bis zur Kunst an der Kartoffel. Apropos: Die angeschlossene Galerie präsentiert wechselnde belgische Künstler. Wem das alles zu gut gefällt, der bleibt im ebenfalls zum Ensemble gehörenden Boutique-Apartment über Nacht (bis 6 Personen, mit Gartenzugang und Grillmöglichkeit, leider ohne Fritteuse).

Home Frit' Home · Rue des Alliés 242 · homefrithome.com

Kuriose Kombi

4

In Belgien steht man auf ungewöhnliche Kombinationen. Das beweisen das Kirschbier sowie der ebenfalls belgische Klassiker *Moules Frites* – Pommes mit Muscheln (Foto re.). Die holzvertäfelte, urige Brasserie *In't Spinnekopke* serviert beides frisch, aber nicht erst seit gestern. Da sich das herumgesprochen hat, reserviert man besser im Vorhinein.

In't Spinnekopke · Place du Jardin aux Fleurs 1 · spinnekopke.be

Brüssels Traditionsoper bietet einen himmlischen Ausblick

Wenn du schon mal da bist ...

Bierexperte werden

Denn Brüsseler können nicht nur Pommes! Sie lieben das säuerliche *Gueuze*-Bier, das ähnlich wie Champagner reift. Wer in die Geheimnisse der Herstellung eingeweiht werden möchte, sollte die mehr als hundert Jahre alte Familienbrauerei *Cantillon* besuchen. Das kleine Familienunternehmen hatte die Idee, die Kunst der Bierherstellung zu dokumentieren, im Herbst und Winter gar mit Einblicken in die Produktion.

🍴 *Brasserie Cantillon · Rue Gheude 56 · cantillon.be*

Bechern wie die Bohème

Jacques Brel und Maurice Béjart kamen regelmäßig ins *A la Mort Subite* („Zum schnellen Tod"). Heute genießen Schauspieler, Studenten und Touristen im denkmalgeschützten Dekor der Belle Époque *Gueuze* und *Kriek* aus der eigenen Brauerei.

🍴 *Brasserie A la mort Subite · Rue Montagne-aux-Herbes-Potagères 7 · alamortsubite.com*

Günstig in die Oper

In der mehr als 300 Jahre alten Brüsseler Oper und ihren hochmodernen Ateliers wird auf Weltniveau inszeniert: Studioproduktionen, Sinfoniekonzerte, Liederabende, Ballett- und Tanzaufführungen. Zum Reinschnuppern eignen sich Kammerkonzerte im Großen Foyer – zum kleinen Preis.

🎭 *Théâtre Royal de la Monnaie · Place de la Monnaie · lamonnaie.be*

Seit 1619 steht der kleine Manneken Pis (Foto) an der Ecke Rue de l'Etuve/Rue des Grands Carmes und pinkelt, was das Zeug hält – immer vor großem Publikum.

INSIDER-TIPP
Die Pisser von Brüssel

==*Dagegen ist sein weibliches Pendant, Jeanneke Pis, kaum bekannt – sie versteckt sich in der Impasse de la Fidelité.*== *Oder besuch doch mal Zinneke Pis, den Mischlingshund aus Bronze, der gegen einen Poller pullert.*

📷 *Jeanneke Pis: Impasse de la Fidelité / Zinneke Pis: Kreuzung der Rue des Chartreux, Rue du Vieux-Marché aux Grain*

Leute gucken

Auf der mondänen *Grand' Place* pulsiert das Leben der Stadt. Einheimische, Zugezogene, Besucher, Hochzeitspaare und Staatsgäste mischen sich auf dem Pflaster des „schönsten Theaters der Welt" (Jean Cocteau). Die Gaststätten mit ihren Terrassen bilden seine Logen. Junge Leute genießen die Treppen zur Maison du Roi. Von dort aus offenbart sich die elegante Pracht des Rathauses Hôtel de Ville. Wer noch auf der Suche nach seiner großen Liebe ist, streichelt über den Bronzearm von Ritter Everard t'Serclaes – angeblich erscheint sie binnen einen Jahres.

📷 *Grand' Place*

Bobos und Bücher

Wer der Brüsseler *beau monde* beim Sehen und Gesehenwerden zuschauen will, geht am besten zur *Place Georges Brugmann*. In der Librairie Candide stöbern die Schönen zwischen den Regalen, auf der Terrasse von Le Plasch blättern sie in der neuen Lektüre.

📷 *Place Georges Brugmann*

Made in Belgium

Von Krimskrams bis Designerware gibt's hier kreative Produkte aller Art. Einzige Bedingung: Das Teil muss aus Belgien kommen. Eine Fundgrube für Andenken und Mitbringsel.

🛍 *Belge Une Fois Concept Store · Rue Haute 89 · belgeunefois.com*

Das pralle Leben

In den Sozialwohnungen des *Marollen-Viertels* (darunter ein schöner Jugendstilblock zwischen Rue de la Rasière und Rue Pieremans) hält sich ein Urgestein. Es spricht Brusseleir (eine Mischung aus Altbrabantisch und Französisch), meckert, trinkt, singt, tanzt auf der Straße. Antiquitätengeschäfte, schicke Designläden und Restaurants rücken zum Flohmarkt auf der Place du Jeu de Balle vor. Auch Künstler und Bohemiens, Studenten und Yuppies schätzen das Flair. Unter dem Bahnhof Chapelle experimentieren Künstler mit Crossover-Musik und Graffiti, das Café-Restaurant Recyclart (Rue des Ursulines 25) ist ein Hotspot. Nicht verpassen: den restaurierten Horta-Kindergarten (40, Rue Saint-Gislain).
📷 *Les Marolles*

Huba Huba!

Tim und Struppi, Lucky Luke, Spirou und Fantasio und natürlich das sagenhafte Marsupilami: Alle Helden der frankobelgischen Bildergeschichten tauchen im *Belgischen Comic-Zentrum* auf. Die ständige Sammlung schildert die Entwicklung des Genres, wechselnde Ausstellungen gehen auf die Klassiker und Avantgardisten ein. Den prächtigen Rahmen schuf Jugendstilmeister Victor Horta 1903–06 ursprünglich für eine Stoffgroßhandlung. Für die Lektüre daheim deckt man sich im gut sortierten Buch- und Souvenirladen ein.
📷 *Belgisches Comic-Zentrum · Rue des Sables 20 · cbbd.be*

Was Süßes nach den Fritten

Das gibt es zum Beispiel bei *Frédéric Blondeel*. Die Grand-cru-Schokoladen werden aus Biobohnen ausgewählter Produzenten nach eigenen Rezepten hergestellt und u. a. zu phantastischen Pralinen (Foto) verarbeitet. Unerschrockene probieren die extrem bitteren Schokoladen mit 100 % Kakaoanteil.
🍴 *Frédéric Blondeel · 24, Quai aux Briques · frederic-blondeel.com*

Pommesduft auslüften

3 km vom Stadtrand entfernt liegt der 92 000 m² große *Botanische Garten* von Brüssel. Dort und im *Palais des Plantes*, einer Miniaturstadt aus 30 gläsernen Gewächshäusern (13 sind zugänglich), gedeihen rund 18 000 Pflanzenarten. Spezialität ist die Flora von Zentralafrika, insbesondere die Zucht besonderer Kaffeesorten. Attraktiver Shop, in dem du Samen, Pflanzen, ungewöhnliche Konfitüren, etwa aus Chicoree, sowie Honig aus eigener Herstellung kaufen kannst.
📷 *Jardin Botanique National de Belgique · jardinbotanique.be*

Kapitalistischer Tempel

Über das „hässliche Gesicht des Kapitalismus" schimpfte Karl Marx während der Bauarbeiten. Musste doch ein Arbeiterviertel dem Tempel des Konsums und Vergnügens weichen. Die herrliche Einkaufspassage mit Glasdach beherbergt Luxusläden, Restaurants, Kinos und Theater – und darüber Apartments. Im Théâtre Royal des Galeries bemalte René Magritte die Decke. Im und vorm Mokafé treffen sich Theaterleute und die *beau monde*.
🛍 *Galéries St-Hubert · Rue des Bouchers*

Zu viel Pommes?

Wer das Frittenfett abtrainieren möchte, ist im Fitnesszentrum *Aspria Avenue Louise* genauso richtig wie entkräftete Stadtbummler auf der Suche nach einer Massage. Oder du liegst faul am Pool und überlegst, in welchen Filmen du ihn schon mal gesehen hast, – das Aspria hat schon einige Male als Schauplatz gedient.
🏋 *Aspria Avenue Louise · aspria venuelouise.be*

Mal kurz nach Afrika

Hier tobt das Leben! Zehntausende Exilanten aus Afrika, v. a. aus der Demokratischen Republik Kongo, leben in Brüssel. Ihr Treffpunkt: *Matongé,* ein pulsierendes Viertel mit bunten Stoff- und Lebensmittelgeschäften, Juwelieren und Friseuren, Cafés, Clubs und Restaurants.
📷 *Matongé · Chaussée d'Ixelles/ Chaussée de Wavre/Rue de la Paix*

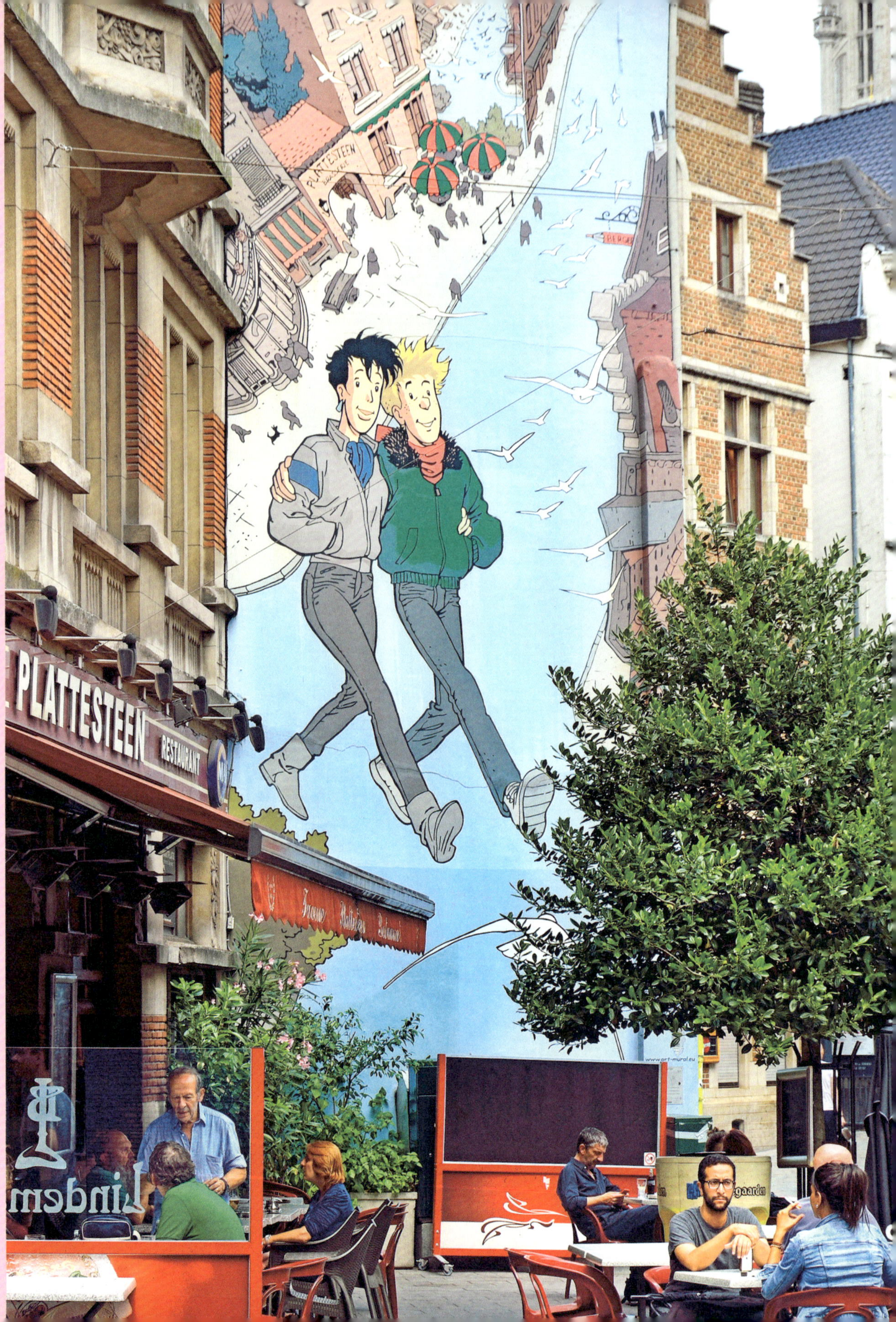

Dem Grau ein Ende setzen mit Comics bemalte Wände

1,5 Kilo

Schokolade werden am Brüsseler Flughafen pro Minute verkauft.

Knapp 30 Prozent

der Belgier essen mindestens einmal pro Woche Pommes.

950 Kostüme

besitzt Manneken Pis. Und es werden jedes Jahr mehr.

195 Stunden

steht ein Brüsseler Autofahrer pro Jahr im Stau.

Von 80 auf über 300

Kalorien steigt der Nährwert, wenn man Kartoffeln frittiert – jede davon ist es wert!

66 Fassaden

mit Comicgemälden gibt es im Stadtgebiet.

Düsse

Japaner stehen auf Nudelsuppen – und auf Düsseldorf. Dank Deutschlands größter japanischer Community ist Ramen rheinländische Hausmannskost.

ldorf

Ferner Osten so nah

Wer auf geordnete Verhältnisse und gute Tischsitten steht, findet in Ramen seinen Endgegner. Zum einen stammt die als japanische Spezialität bekannte Suppe mit Weizennudeln (Ramen) ursprünglich aus China. Zum anderen ist sie unbedingt schlürfend zu verzehren, damit sich alle Aromen entfalten. Schock verdaut, lieber Adolph Knigge? Dann zur guten Nachricht: Für authentische Ramen musst du nicht bis nach Tokio, sondern nur nach Düsseldorf reisen. Mit über 6000 Menschen hat sich dort die größte japanische Gemeinschaft in Deutschland auch kulinarisch niedergelassen. Der Zweite Weltkrieg hinterließ Japan schwer zerstört und mit Bedarf an Stahl. Den fand man im Ruhrgebiet. Seitdem siedeln sich in dessen Herzen Düsseldorf Unternehmen samt Mitarbeitern aus Japan an. Mit im Gepäck: japanische Tempel, Kitas, Fußballvereine und Restaurants. Letztere ballen sich zwischen Hauptbahnhof und Altstadt. Die Gegend wird auch „Little Tokio" genannt.

Das „Warum?" und „Wo?" der Suppensuche sind nun geklärt. „Was?" gilt es immer wieder neu zu erkunden. Das Angebot aus Ramen auf Basis von Sojasauce *(shoyu)*, Sojapaste *(miso)* oder Salz *(shio)* in Kombination mit allen erdenklichen Fleisch- und Gemüseeinlagen ist groß.

Ran an die Ramen

Warten, das sich lohnt

1

Lange Schlange, viel Geschmack dahinter: Das ist *Naniwa Noodles & Soups*, die Düsseldorfer Ramen-Institution, die seit über 30 Jahren Suppe serviert. Zur Auswahl stehen über 20 Sorten sowie weitere japanische Klassiker mit gebratenen Nudeln *(yakisoba)* oder Reis *(chahan)*. Die Wartezeit wird mit schnellem sowie freundlichem Service und Qualität des Essens kompensiert. Für Fans von Sushi gibt es mit dem *Naniwa Sushi & More* (Klosterstraße 68a) einen eigenen Laden.

Naniwa Noodles & Soups · Oststraße 55 · naniwa.de

Zurück zu den Wurzeln

2

Japaner haben Ramen weltberühmt gemacht. Doch wer hat's erfunden? Die Chinesen! Daher ist es ihr gutes Recht, ein chinesisches Restaurant *Ramen Soul* zu nennen und dort ebenfalls Ramen mit Rinderfilet, Lammfleisch oder Gemüse zu servieren. Zudem zelebriert der Koch den Weg der Nudel in die Suppe, indem er sich beim Ziehen und Schleudern der Teigfladen in die gewünschte Form zuschauen lässt.

Ramen Soul · Franklinstraße 24 · ramensoul.de

Ramen hoch 3

3

Mit japanischen Restaurants kennt sich Haruhiko Saeki, geboren in Tokio, aus. Die betreibt er seit 1995, mittlerweile fast zehn Stück, drei davon als Franchise einer japanischen Ramen-Kette. Im *Takumi Chicken & Veggie* (Klosterstraße 72) wird die Brühe aus Hühnchen oder Gemüse gekocht; im *Takumi Tonkotsu* (Oststraße 51) aus Gemüse oder gemahlenen Schweineknochen. Und im Original *Takumi*, dem ersten seiner Restaurants? Gibt es den Klassiker des bis zu acht Stunden ausgekochten Schweineknochens. Sparfüchse mit Bonuskarte essen regelmäßig umsonst.

Takumi · Immermannstraße 28 · takumi-duesseldorf.de

Andererrheinseits

4

Auch wenn manche Düsseldorfer das ignorieren: Links des Rheins ist auch noch ihre Stadt. Das *Daidokoro Umaimon* ist dort mit seinem Ramen-Angebot jedoch allein. Dank dunklen Holztischen und dem etwas entspannteren Tempo isst es sich gemütlicher, aber ebenso gut wie rechtsrheinisch in „Little Tokio". Für Authentizität und Qualität bürgt auch hier Düsseldorfs Gastro-Guru Haruhiko Saeki.

Daidokoro Umaimon · Hansaallee 244 · daidokoro-umaimon.de

Big in Japan

5

Wenn das *Takezo* weniger nach Restaurant als nach Imbiss aussieht, ist auch das authentisch Japan. Die Nudelsuppe gilt dort als schneller Sattmacher. Ebenso typisch bzw. importiert: Alle Gewürze, der fette Schweinebauch in der Brühe und das Mehl für die Nudeln. Kein Wunder, war das Unternehmen hinter dem Laden lange Zeit nur in Japan aktiv. In der ersten Filiale in Europa heißt es für den empfindlichen Gaumen: Komm klar damit! Das gelingt aber ganz wunderbar. Wer die Exotik-Schraube noch höher drehen möchte, ordert mit Tantan-Men-Ramen eine besonders scharfe, chinesische Variante.

Takezo · Immermannstraße 48 · Facebook: takezo. duesseldorf

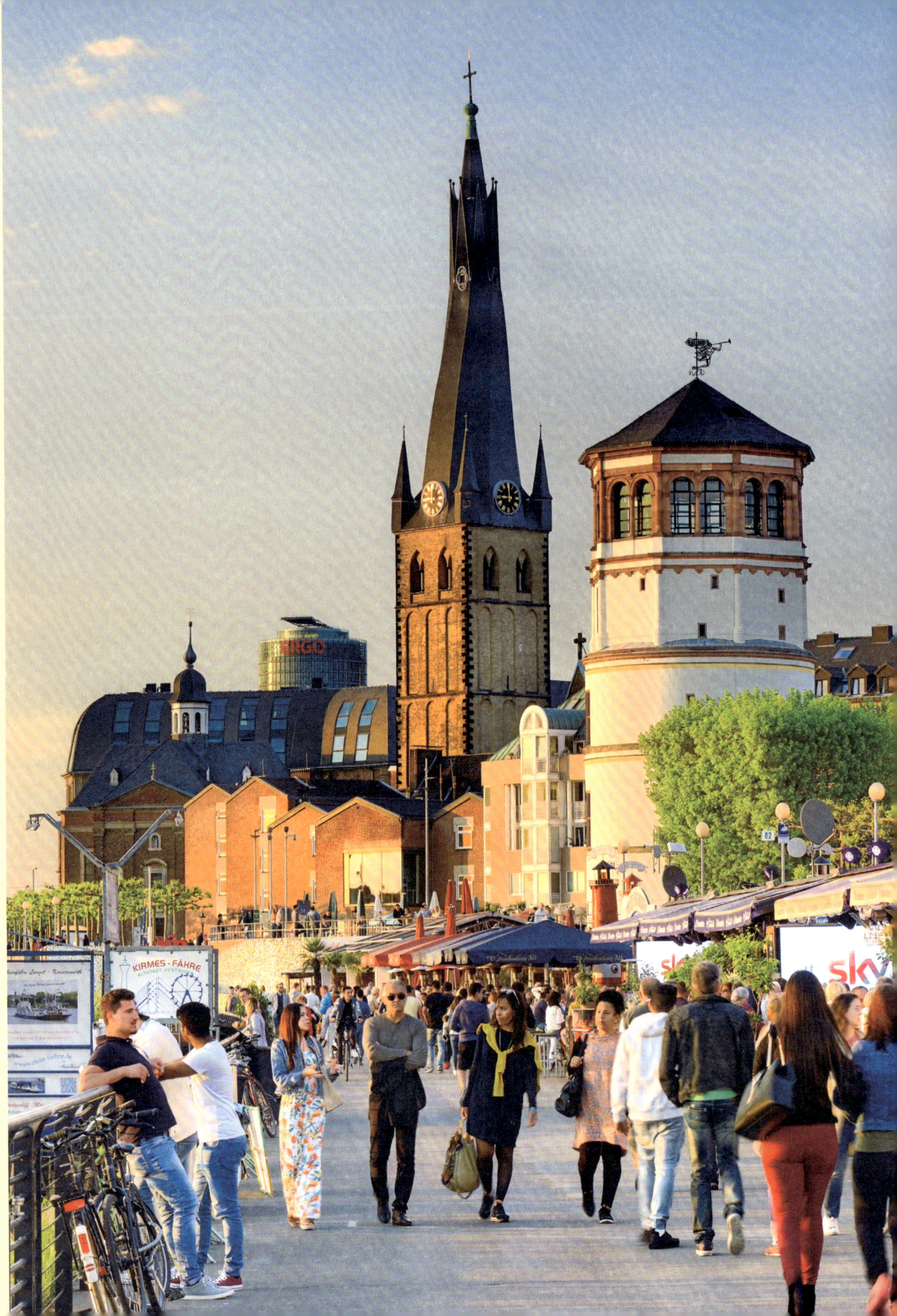

Man schlendert, shoppt, schaut auf der Rheinpromenade

Wenn du schon mal da bist ...

Jenseits von Ramen

Für alle, die von Japan etwas mehr als Ramen kennenlernen wollen: Im japanischen Kulturzentrum *Ekō* mit dem prächtigen shinbuddhistischen Tempel kannst du in die japanische Kultur eintauchen und beispielsweise an einer traditionellen Teezeremonie teilnehmen.

Ekō – Haus der japanischen Kultur · Brüggener Weg 6, Niederkassel · eko-haus.de

Ins Neandertal

Im hübschen Neandertal wurden 1856 in einer Grotte die Knochenreste des seither berühmtesten Urmenschen gefunden. Das *Museum* erzählt von ihm und von der Menschheitsgeschichte von ihren Anfängen bis heute. Ein Weg führt durch das Tal zum legendären Fundort. Und wer ein Steinzeitmesser bauen will, kann einen Workshop buchen.

Neanderthal-Museum · Talstr. 300 · Mettmann · neanderthal.de

Summer in the City

Im Sommer braucht man seinen Abend meist gar nicht erst groß zu planen: Ist es heiß, herrscht Ebbe in den Kneipen, denn die Düsseldorfer treffen sich lieber an der *Rheinuferpromenade* und auf dem Burgplatz: Sonnenuntergang gucken, klönen, Musik machen und dazu ein Bier genießen – das ist ihre Lebensart.

Rheinuferpromenade · Burgplatz

Das unermüdliche Schneiderlein an der Fassade der Schneider-Wibbel-Stuben ist eine Figur aus dem Theaterstück des Mundartdichters Hans Müller-Schlösser und zum Sinnbild rheinischer Schläue geworden. 1913 wurde das Stück uraufgeführt, bis heute wird es gespielt. Fünfmal am Tag, um 11, 13, 15, 18 und 21 Uhr, kommt eine Wibbel-Figur in einem Glockenspiel aus der Fassade und näht und näht. Einige Meter weiter sitzt ein Bronze-Wibbel, dem du ruhig mal ganz nah kommen kannst. Warum? Weil es angeblich Glück bringt, wenn man dem Wibbel übers Knie streicht.

INSIDER-TIPP
Glück zum Anfassen

Schneider Wibbel · Schneider-Wibbel-Gasse 5

Aber bitte mit Senf!

Alles Wissenswerte über den Mostert (so heißt der Senf hier) erfährt man im Senfmuseum und -laden der Düsseldorfer Löwensenf GmbH (Foto re.). Das Personal beantwortet deine Fragen rund um die Heil- und Gewürzpaste. Experimentierfreudig? Dann nichts wie ran ans Senfkarussell: Du kannst alle Geschmacksvarianten von Coconut-Curry bis Meerrettich probieren.

Senfmuseum · Berger Str. 29 · loewensenf-senfladen.de

Durst?

Dann muss (mindestens ein) Altbier her! Favorit der Düsseldorfer und Inbegriff des traditionellen Wirtshauses ist *Schumacher*. Hier wird in mit Schnitzereien, Zinnzeug und Gemälden ausgestatteten Räumen an langen Holztischen deftig gegessen und ordentlich getrunken.

Brauerei Schumacher · Oststr. 123 · Schumacher-alt.de

Aus alt wird stylish

Plup steht für Planet Upcycling und bietet Mode und Accessoires aus wiederverwerteten und nachhaltigen Materialien: Die ungewöhnlichen Teile reichen von Taschen aus den Ösen recycelter Getränkedosen oder aus alten Feuerwehrschläuchen bis hin zu Brillen aus ausgedienten Skateboards. Die exklusiven Stücke sind ausgefallen, aber alltagstauglich und erschwinglich (Foto li.).

🛍 *Plup · Ackerstr. 168b · planet-upcycling.de*

Deftige Szene

Köstlichkeiten ohne Schnickschnack – das Motto der *Destille* ist Programm. Eine Speisekarte gibt es hier nicht, dafür wechselnde Tagesgerichte. Die Küche ist deutsch-rustikal, lecker und preisgünstig. Das kultige Kneipenbistro in der Carlstadt ist außerdem einer der kulturellen Hotspots der Szene: Regelmäßig gibt es Jazz, Blues, Kunst und Literatur.

🍴 *Destille · Bilker Str. 46 · destille-duesseldorf.de*

Hier bist du am Zug

Alpenhütte trifft Lounge trifft Biergarten – so könnte man die *Sennhütte* beschreiben. Highlight des kleinen ehemaligen Bahnwärterhäuschens ist die direkt am Bahnhang gelegene Terrasse. Dein frisch Gezapftes genießt du hier beim Lärm vorbeiratternder Züge. Klingt skurril? Ist aber richtig gut!

🍴 *Zur Sennhütte · Rethelstr. 96 · zur-sennhuette.de*

Ist das Kunst?

Natürlich, und was für welche! Den Grundstock für das *K20* bilden 88 Gemälde von Paul Klee, die die Landesregierung Nordrhein-Westfalens 1960 kaufte, auch eine Art Wiedergutmachung dem Maler gegenüber, der an der Düsseldorfer Kunstakademie gelehrt hatte und Deutschland 1933 verlassen musste. Die Abteilung vor 1945 zeigt u. a. Werke von Pablo Picasso, Max Ernst, Salvador Dalí, Wassily Kandinsky, Henri Matisse; die Kunst nach 1945 versammelt bedeutende Vertreter amerikanischer Richtungen und des europäischen abstrakten Expressionismus. Im *K21* im Ständehaus geht es um internationale Kunst seit den 1980er-Jahren, Bist du schwindelfrei? Dann nichts wie rauf auf die Rauminstallation von Tomás Saraceno.

📷 *Kunstsammlung NRW · K20: Grabbeplatz 5 · K21: Ständehausstr. · kunstsammlung.de*

Volltanken, bitte!

Ungewöhnlich: Im schicken Oberkassel feiert man hier auf dem Gelände einer ehemaligen Tankstelle. Angesagte Location für ausgefallene Partys. Früh kommen lohnt sich!

📷 *Chateau Rikx · Belsenplatz 2a · facebook: chateau.rikx*

Von schief nach schräg

Kippende Wände, windschiefe Türme, im Mauerwerk verkantete Fenster: Der vom kalifornischen Architekten Frank O. Gehry entworfene *Neue Zollhof* ist der Eyecatcher des Medienhafens. Die drei Bauten in Weiß, Silber und Rot stehen im Kontrast zu den umliegenden Gebäuden aus Stahl, Beton und Glas. Pop oder Avantgarde, Dadaismus oder Spätdekonstruktivismus – während Fachleute über den Stil streiten, genießen die Düsseldorfer die bewegte Architektur: Nichts verläuft geradlinig. Denn der Neue Zollhof ist auch ein beliebter Treffpunkt.

📷 *Neuer Zollhof 2–6*

Würzig

Hier gibt's die „ächten" Mostertpöttchen. Für Nichtrheinländer: Das heißt Senftöpfchen. Mit Mostert ist aber nicht der bekannte Löwensenf gemeint, sondern der „richtige" Düsseldorfer Senf. Er wird in Steintguttöpfen mit dem Düsseldorfer Anker und den Buchstaben ABB verkauft – den Initialen des Namensgebers Adam Bernhard Bergrath.

🛍 *Gewürzhaus · Kapuzinergasse 16 · gewuerzhaus-altstadt.de*

Schief ist schon lange das neue Gerade: Neuer Zollhof

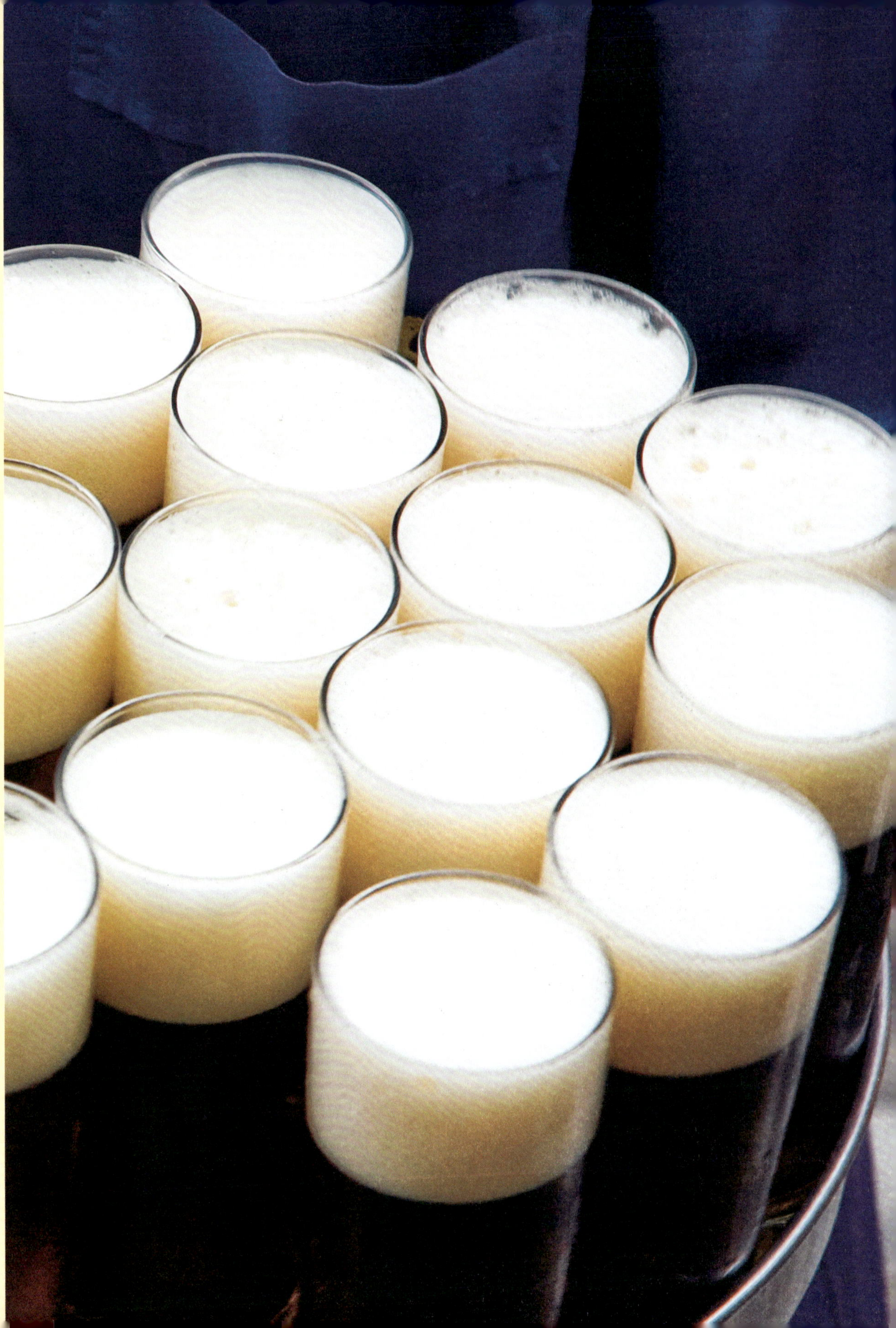

Zum Altbier sagt man in Düsseldorf nicht nein

5982
Japaner
waren 2018 in Düsseldorf gemeldet.

7
Altbier-Brauereien
gibt es noch im Düssseldorfer Stadtgebiet.

10
Sterne-restaurants
gibt es in Düsseldorf.

3000
Jahre
So lange ist Senf bekannt – er kommt aus China, nicht aus Düsseldorf.

14 000
Gaslaternen
sind im Stadtgebiet noch in Betrieb. Sie sind als Kulturgut geschützt.

4
Ramen-Nudeltypen
unterscheidet man:
Kansōmen (getrocknet),
Namamen (frisch),
Mushimen (gedämpft),
Insutanto (Instant)

New

Was ist rund, lecker und in New York daheim? Das kann doch nur der Donut sein! (Oder der Bagel. Aber um den geht's hier nicht.)

York

New Yorker lieben das Doughnut Project und seine Kreationen

Big Apple mit Zuckerguss

Die niederländischen Siedler haben alles richtig gemacht, als sie ihre Idee von im Fett ausgebackenem Teig nach New Amsterdam, heute New York, importierten. Unter dem Namen „olykoek" („öliger Kuchen") hätte das Gebäck nämlich eher nicht die Karriere hingelegt, die ihm als Doughnut gelang – oder Donut, wie buchstabensparende US-Amerikaner Homer Simpsons Leibspeise schreiben.

Den ersten Donut-Shop der Stadt und damit des ganzen Landes eröffnete der Legende nach 1673 eine Dame namens Anna Joralemon am Broadway. Seitdem hat sich New York seine Vorreiterrolle im Bereich Fettgebackenem nicht mehr streitig machen lassen. Erste schriftliche Erwähnung des Donuts? 1809 in Washington Irvings Werk „History of New York". Erste Interpretation des klassischen Donuts mit Geschmacksrichtungen wie Orange? 1988 im Cupcake Café in New York. Erstmalige Verschmelzung eines Donuts mit einem Croissant zum Cronut? 2013 in der Dominique Ansel Bakery in New York. Heute gibt es die Backware in der Stadt in allen Geschmacksrichtungen, von Avocado bis Zimt. Wer es fluffig mag, sollte darauf achten, einen Yeast-Donut zu bestellen. Ein höherer Hefegehalt und feineres Mehl lassen ihn stärker aufgehen als seinen kompakteren Kuchen-Kumpel Cake-Donut.

Hier geht's rund

Backwaren-Amalgam

1

Ob für Keksteig in der Waffel, Sneaker von Kanye West oder Telefone von Apple: New Yorker stellen sich seit ein paar Jahren fanatisch gern in Schlangen an. Zu den Ersten, der eine solche zu fabrizieren verstand, zählte der aus Frankreich stammende Patissier Dominique Ansel, als er 2013 den Cronut erfand. Donut trifft Croissant – was kann man daran nicht mögen? Indem in seiner Bäckerei (Foto li.) täglich nur 300 Stück produziert und maximal zwei pro Person verkauft werden, wird der Andrang am Leben gehalten.

Dominique Ansel Bakery · 189 Spring Street · dominiqueansel.com

Frisch und alt

2

Kinderbuchleser wissen: Peter Pan hatte es raus, die Zeit verstreichen zu lassen, ohne zu altern. Konsequent, dass das auch dem nach ihm benannten Donutladen in Greenpoint, Brooklyn, gelingt. Taufrisch sind die Apfelstreusel- oder Schokokuchen-Donuts, die Damen in Kittelschürzen über die Glasvitrine reichen. Im Innenraum der Bäckerei sieht es noch wie zur Eröffnung 1953 aus. Auch der Preis ist mit 1,10 Dollar angenehm in der Vergangenheit konserviert.

Peter Pan Donuts & Pastry Shop · 727 Manhattan Avenue · peterpandonuts.com

Landesmeister

3

Natürlich feiern die USA einen National Donut Day (am ersten Freitag im Juni). Natürlich wählen sie dann den beliebtesten Donut-Shop des Landes. Und dass *Dough Donuts* diesen Titel 2017 errang, sollte angesichts der großen Konkurrenz genug Fürsprache für die riesigen, enorm fluffigen, genau richtig süßen Teigträume sein. In mehreren Filialen, etwa um die Ecke vom Flatiron Building, ist die Versorgung damit gesichert. Auch der Supermarkt Whole Foods hat sie im Sortiment.

Dough Donuts · 4 W 19th Street / doughdoughnuts.com

Experimente? Ja, bitte!

5

Könnte sich die Basis Donut nicht auch gut mit schwarzem Pfeffer, Avocado oder Prosecco vertragen? Diese Frage stellten sich Juristin Leslie Polizzotto und Kellner Troy Neal und starteten 2015 ihr Donut-Projekt. Das überzeugt bis heute mit kreativen, immer neuen Kreationen in süß und herzhaft. Besonders gehypt ist der „Everything Donut", dessen Glasur aus süßem Frischkäse und einer wilden Saatenmischung besteht. Wer den nicht verpassen will, sollte rechtzeitig im West Village oder der zweiten Filiale am Central Park (912 7th Avenue) aufschlagen. Sobald nämlich alles verkauft ist, wird zugesperrt.

The Doughnut Project · 10 Morton Street · thedoughnutproject.com

Take a walk on the sweet side

4

Zur Wahrheit gehört auch: So ein leckerer, in Fett ausgebackener Teigkringel mit Zuckergussglasur hat seinen Nährwert. Keine blöde Idee, den Verzehr mit etwas Bewegung zu kombinieren. In zwei Stunden führt die *Tour* quer durch Downtown, Manhattan, und vermittelt neben der Geschichte des Donuts und seiner Shops auch die der Stadt. Hunger und Tupperdosen nicht vergessen! Ausreichend Kostproben, auch zum Mitnehmen, sind im Preis von 40 Dollar inbegriffen.

Underground Donut Tour · undergrounddonuttour.com

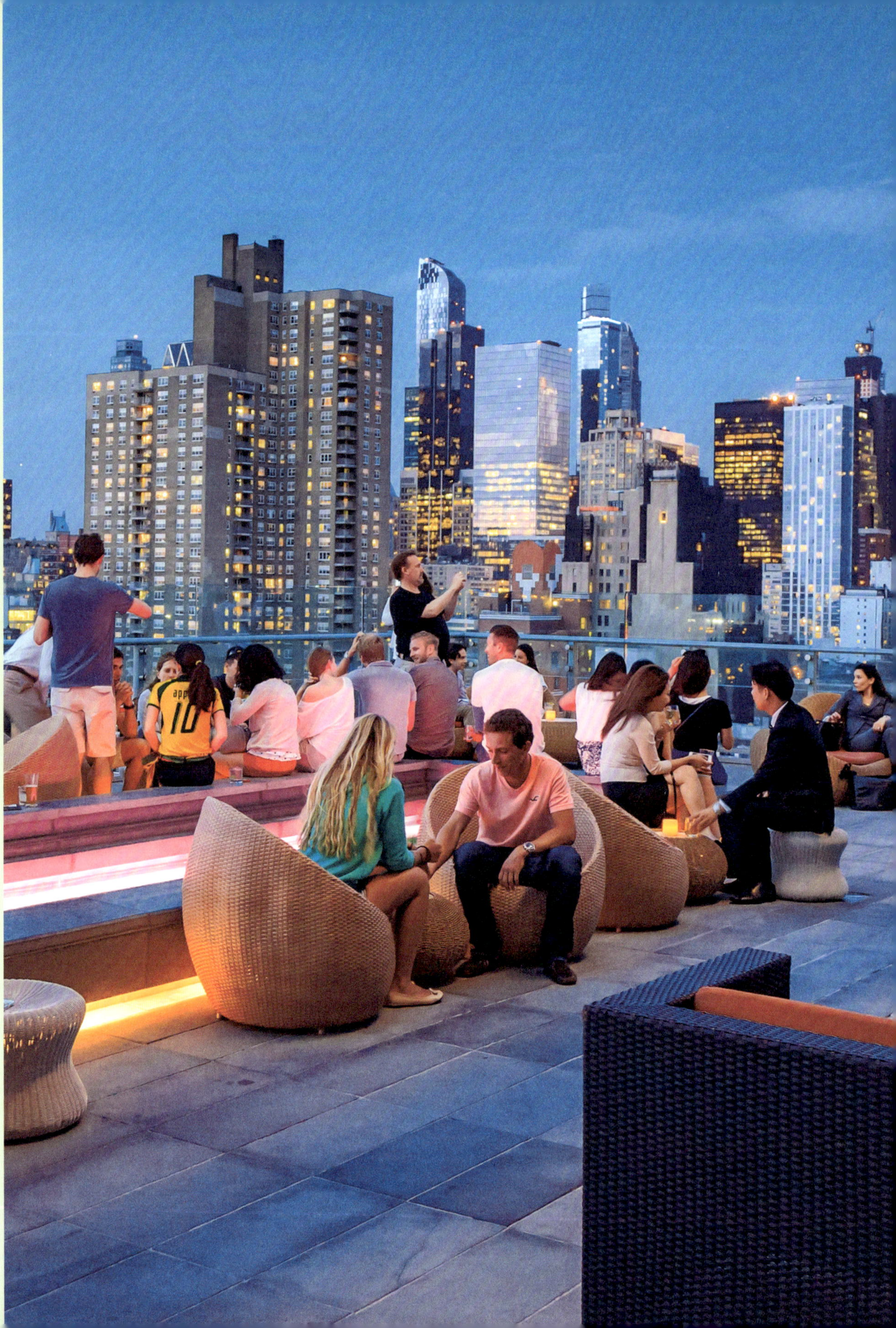

Keine New-York-Reise ohne Donuts … und Blick auf die Skyline

Wenn du schon mal da bist ...

Treppab

Da sage mal einer, im Keller sei nichts los: Bis 4 Uhr früh wird hier hervorragender Jazz im Basement gespielt – deshalb ist es oft voll, aber immer gut!

🍷 *Small's · 183 W 10th Street/7th Av. · smallslive.com*

Ganz oben

Alternative zum Empire State Building: Diese Rooftop-Bar rund um den Pool auf dem Ink48 Hotel bietet eine phantastische Aussicht, viel Platz und tolle Drinks.

🍷 *Press Lounge · 653 11th Av./ 48th Street · thepresslounge.com*

Am besten schmecken Burger, Hot Dogs und Milchshakes

INSIDER-TIPP Kultburger mit Ausblick

==*im Madison Square Park mit Blick auf das Flatiron Building – hier gründete Koch Danny Meyer sein Shake-Shack-Imperium.*== *Selbst das Schlangestehen ist Kult geworden.*

🍴 *Shake Shack · Madison Av./23rd Street · shakeshack.com*

9/11

Am 11. September 2001 wurde das World Trade Center dem Erdboden gleichgemacht, als beide Türme von entführten Passagierflugzeugen getroffen wurden. Am ehemaligen Ground Zero entstand ein beeindruckendes Denkmal: Wo vorher seit 1973 die Wolkenkratzer gestanden hatten, wurden tiefe Bassins eingelassen, in die von allen Seiten Wasser fällt. Rundherum sind die Namen aller Opfer in Stein eingraviert. Der Ort trotzt dem Terror, lebt wieder – und bleibt doch gleichzeitig dem ehrenvollen Andenken gewidmet. Wer New York verstehen will, muss hieher. Neben der Gedenkstätte informiert und erinnert ein ebenso beeindruckendes Museum.

📷 *9/11 Memorial · 120 Liberty Street · 911memorial.org*

Charmant schlendern

Auf dieser zum Park umfunktionierte Hochbahntrasse kannst du mehr als 2 km weit gen Norden schlendern. Die alten Schienen sind teils erhalten, dazwischen wachsen Gräser und laden Holzliegen zum Relaxen ein. Tolle Aussicht über das hübsche Viertel Greenwich Village mit seinen alten Brownstone-Häusern – auf der anderen Seite der Hudson River und New Jersey.

📷 *High Line Park · 74 Guernsey Street | Subway G Nassau · thehighline.org*

Noch 'ne runde Sache

Keine Angst vorm „Schludrigen Dave", der will nur schmecken. Genau wie die „Hinterhältige Avocado" oder die „Geschüttelte Tofuhaut". In der kleinen Bude im East Village kannst du dich durch vegetarische Burger und andere einfallsreiche Leckereien schlemmen.

🍴 *Superiority Burger · 430 E 9th Street, Nähe First Av. · superiorityburger.com*

Kult-Karaoke

Dir ist nach Singen zumute? Das geht am besten in dieser Bar, die schon seit den 1850er-Jahren am Start ist. Hier feiern die Broadway-Sänger nach der Arbeit. Und das artet meist in kollektives Singen rund ums Klavier aus. Mitsingen erwünscht!

🍷 *Marie's Crisis Cafe · 59 Grove Street*

Kreativ, cool, schräg

Vier Frauen aus Brooklyn haben ihre Köpfe zusammengesteckt – diese Kette cooler Vintage-Klamottenläden ist das Ergebnis. Klassisches, Schräges und eine großartige Auswahl! Beacon's Closet, u. a. 10 W 13th Street · M 14 Street, Greenwich VIllage · 74 Guernsey Street, Greenpoint · beaconscloset.com

Großstadtindianer

So war der Wilde Westen wirklich: Das *National Museum of the American Indian* (Foto li.) zeigt, wie sehr unser Bild über die Ureinwohner Amerikas von Hollywood geprägt ist. Der New Yorker Banker George Gustav Heye sammelte Alltagsdinge: Pferdeschmuck, Kleidung, Zelte und vieles mehr. Außerdem gibt es hier im alten Zollgebäude am Hafen Wechselausstellungen junger Künstler zu sehen – und all das ganz umsonst. *National Museum of the American Indian · 1 Bowling Green · nmai.si.edu*

Viel mehr als eine Fähre

Der schönste Blick auf die Skyline: mit der Fähre nach Staten Island und zurück, vorbei an „Lady Liberty" und Ellis Island – und das alles ganz umsonst! Beim Einsteigen in Manhattan am besten schnell einen Balkonplatz auf der rechten Seite der Fähre sichern. *Alle halbe Stunde, zur Rushhour alle 15 Minuten ab 4 S Street/ Whitehall Street · siferry.com*

Das Beste der Welt?

60 000 m² groß ist Manhattans Kunstmekka *Museum of Modern Art*, allein das Foyer erstreckt sich über einen ganzen Block von der 53rd bis zur 54th Street. Trotzdem platzt das MoMA immer wieder aus allen Nähten und baut weiter aus. Es gilt vielen als das beste der Welt, weil es einen Überblick über die Kunst des 20. Jhs. bietet – mit Meisterstücken unter anderem von Matisse, van Gogh, Frida Kahlo und Picasso. Dazu gibt es Designklassiker, Filme und herausragende Sonderausstellungen. Lass dich treiben und inspirieren – und erhol dich nach dem Kunstmarathon dann im schönen Skulpturengarten oder bei einem Bummel durch den großartigen Shop: Jede Menge schöne Dekor- und Gebrauchsgegenstände aus der Sammlung des Museums. *Museum of Modern Art · 11 W 53rd Street/zw. 5th u. 6th Av. · Fr 16–20 Uhr kein Eintritt! · moma.org*

Um den Big Apple paddeln

Der Hudson River im Westen und der East River im Osten umfließen Manhattan – und auf beiden kannst du zwischen Mai und Oktober kostenlos paddeln gehen. Die besten Blicke vom Wasser aus auf Manhattan gibt es gratis dazu. *downtownboathouse.org · licboathouse.org · bbpboathouse.org*

Halleluja!

Sonntagsmorgens gibt es in vielen Kirchen in Harlem Gospelgottesdienste. Die sind allerdings mittlerweile bei Touristen so beliebt, dass die großen Gotteshäuser schon völlig überlaufen sind. Besser, du schlenderst durch die Seitenstraßen, immer dem unüberhörbaren Gospelklang nach, und suchst dir eine der vielen kleinen Kirchen aus. Immer mit Respekt ... *Bester Startpunkt: 125th Street Station (Subway 2,3, A-D)*

Wo Mann noch Mann sein darf

Einkleiden, rasieren und trinken – das alles gleichzeitig! Zum trendy Laden für Männerkleidung (Schuhe, Jeans, Mäntel und Brillen) gehören nämlich auch eine Bar und ein Barbershop. *Todd Snyder · 25 E 26th Street · toddsnyder.com*

Miss Liberty, die niemals schläft, wie New York selbst

Tauch ein in das bunte, laute Leben auf dem Times Square!

630 Filialen

unterhält die Dunkin'-Donuts-Kette in New York. Starbucks bringt es nur auf 350.

541 Meter

So hoch ist das One World Trade Center, das höchste Gebäude der Stadt.

19,6 Prozent

der New Yorker leben unterhalb der Armutsgrenze.

472 Stationen

bedienen die 35 Linien der New York Subway.

40,1 Minuten

braucht ein New Yorker Pendler im Durchschnitt zu seinem Arbeitsplatz.

23.000 Bäume

stehen im Central Park

Dres

Backen beherrschen Dresdner nicht nur zur Weihnachtszeit. Eierschecke ist der ganzjährig verfügbare, Quark-Hefe-Schichten gewordene Beweis.

den

Die Schecken-Checker

Der an der Elbe geborene Schriftsteller Erich Kästner hatte oft recht, auch als er sagte: „Die Eierschecke ist eine Kuchensorte, die zum Schaden der Menschheit auf dem Rest des Globus unbekannt geblieben ist." Tatsächlich hat der bodenständige Blechkuchen sein Dasein im Schatten des Stollens nicht verdient. Dafür ist das Schichtgedicht einfach zu lecker: Ganz nach unten gehört ein luftiger Hefeteig. Die zweite Ebene besteht aus einer Vanille-Quark-Masse, die eine Verwandtschaft zum Käsekuchen offenbart. Und als Krönung dient eine Mischung aus Vanillepudding, Butter und Zucker sowie untergehobenem Eischnee für die optimale Fluffigkeit. Manchmal wird dieses Triumvirat mit Rosinen oder Puderzucker ergänzt, was Schecken-Puristen gerade noch ertragen. Die Beigabe von Streuseln oder Schokolade ist ihnen aber zu viel und braucht es auch nicht.

Seinen Namen verdankt das Backwerk angeblich einer Männerbekleidung aus dem 14. Jahrhundert. Als Schecke wurde damals ein durch einen Hüftgür- tel dreigeteiltes Outfit bezeichnet. Vielleicht ist aber auch das schichtbedingt scheckige Aussehen des Kuchens gemeint. Klar ist nur: Dresdner sagen „Oierschegge." Das könnte auch eine Erklärung für die auf Sachsen begrenzte Verfügbarkeit sein.

Wo die Schecken lecker schmecken

Ausgezeichnet

1

Das Magazin Feinschmecker hat Bäckermeister Ralf Ullrich mit seiner *Schaubäckerei* zu einem der besten Teigvermenger des Landes gewählt. Natürlich hat der Mann da alle Dresdner Backspezialitäten parat. In der Disziplin Eierschecke ist er jedoch besonders herausragend. Mit einem Kuchen mit über einem Meter Durchmesser hält er sogar den Größenrekord. Doch darauf kommt es ja nicht an. Viel wichtiger: Die im Alltag gefertigten Stücke in Normalgröße sind doppelt luftig und dreifach lecker. Wie das „Schau" im Namen verspricht, kannst du hinter Glas die Produktion dieser verfolgen.

Schaubäckerei Ullrich · Schandauer Str. 79 · Facebook: Schaubaeckerei

Überbordend

2

So prachtvoll wie im barocken *Coselpalais* (Foto li./re.) im Schatten der Frauenkirche lässt sich Hefekuchen selten speisen. Die runde Tortenstück-Variante der Schecke wird auf Meissener Porzellan serviert. Als Spezialität des Hauses ist sie jedoch unter den Backwaren nicht allein. Wer könnte der Coselpalais-Haustorte aus Baumkuchenstücken mit Vanille- und Schokocreme, Rumkirschen und Marzipan widerstehen? Zur Lösung des Gewissenskonflikts beides zu bestellen ist ausdrücklich erlaubt.

Coselpalais – Restaurant & Grand Café · An der Frauenkirche 12 · coselpalais-dresden.de

Klasse Kombi

3

Den Preis für die hippste Inneneinrichtung gewinnt das Café zwar nicht. Aber hier geht es ja um Kuchenqualität, und die stimmt. Für das traditionelle Kompletterlebnis bestellst du das „Dresdner Gedeck" für 6,90 Euro, zu dem neben Eierschecke und Kaffee auch ein Gläschen Kaffeelikör nach Familienrezept gehört. Wer Experimente mag, bekommt die Schecke mit einer Zusatzschicht aus Stachelbeeren oder Mohn.

Dresdner Kaffeestübchen · Salzgasse 8 · dresdner-kaffeestuebchen.de

Der Weg ist auch das Ziel

4

Handwerk mit Tradition aus Dresden? Natürlich kennt sich die in diesem Feld bewanderte *Feinbäckerei Walther* mit der Kunst der Kuchenschichten aus. Zudem lohnt sich der Weg ins Villenviertel Weißer Hirsch wegen der Anreise über die pittoreske Standseilbahn und den tollen Ausblick über das Elbtal.

Feinbäckerei Walther · Rißweg 60 · feinbaeckerei-walther.de

Edel und gut

5

Wenn ein Patissier auf ein Kulturgut trifft, entsteht eine Eierschecke, die noch ein wenig höher und noch ein bisschen filigraner ist als anderswo. Dirk Günther definiert sich selbst als „Glücksmomentemacher" – und dank Liebe zum Detail, besten Zutaten und einer Absage an Konservierungsstoffe hält er das Versprechen ein. Für seine Schecke bedeutet das zudem eine leichte Note von Zitronen sowie ein guter Hauch Vanille aus Madagaskar. Dem lässt sich auch in einer zweiten Filiale im Gewandhaus (Ringstr. 1) nachspüren.

Kuchen Atelier · Prager Str. 4 · kuchenatelier.com

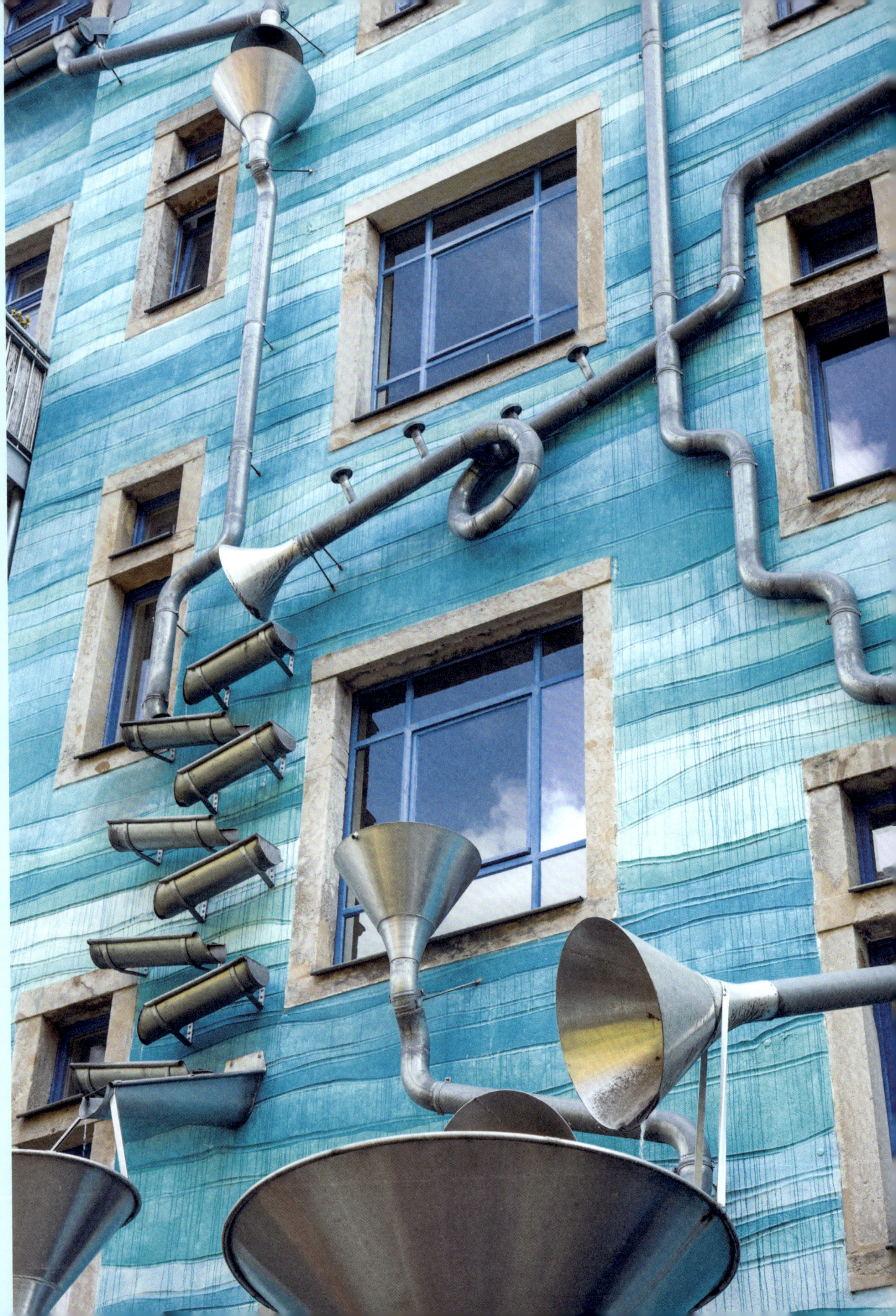

Wenn du schon mal da bist ...

Hinterhofkunst

Eine Giraffe versucht die Fassade zu fressen, ein Affe greift nach dem Weidengeflecht eines Balkons, im Teich döst ein Wasserbüffel. Die *Kunsthofpassage*, eine Oase mit Läden, Cafés und Restaurants, gehört zum touristischen Pflichtprogramm in der Äußeren Neustadt. Künstler machten aus den grauen Hinterhoffassaden kleine Wunderwerke. Neben dem Hof der Tiere entlockt vor allem der Hof der Elemente den Besuchern immer wieder Ahs und Ohs.

Kunsthofpassage · Zwischen Görlitzer Str. 21–25 und Alaunstr. 70

Schillernd

Friedrich Schiller war in der einstigen Fleischerschen Schenke Stammgast, weshalb das Gasthaus am Elbufer nun nach ihm benannt wurde. Eine Dresdner Institution, mit Café, deftiger sächsischer Küche und einem schönen Biergarten, in dem man sich unter Kastanien zum Männel-Bier einen Broiler schmecken lässt.

Schillergarten · Schillerplatz 9 · Blasewitz

Ultramaringelb

So heißen Werkstatt und Laden von zwei Schmuckgestalterinnen im Kunsthof. Wunderschöne Unikate, von edel bis gewagt, viel Silber, Weißgold und Edelsteine, Schmuck und kleinplastische Arbeiten.

Ultramaringelb · Görlitzer Str. 23 · Neustadt

Berühmter Kirschkern

Die Augen gehen einem über im Grünen Gewölbe! Der Name ist abgeleitet von den grün gestrichenen Wänden der „Geheimen Verwahrung" der herrschaftlichen Schätze aus Edelsteinen, Gold und Elfenbein im *Residenzschloss*. In den modernen Räumen im 1. OG präsentiert das Neue Grüne Gewölbe Highlights wie den legendären Kirschkern mit den „185 Angesichtern" oder den „Hofstaat des Großmoguls Aureng-Zeb", ein von Hofgoldschmied Johann Melchior Dinglinger aus Gold und Edelsteinen geschaffenes Figurenensemble. Das Historische Grüne Gewölbe befindet sich in den rekonstruierten Räumen des Schatzkammermuseums.

Residenzschloss · gruenes-gewoelbe.skd.museum

Blick in die Zukunft

Benzin und Diesel waren gestern – hier erlebst du die Zukunft der Mobilität! Die Autofabrik am Rande des Großen Gartens ist das Aushängeschild des VW-Konzerns für Elektromobilität und Digitalisierung. Seit 2017 läuft hier der E-Golf vom Band. Führungen bieten Einblicke in die Produktion, im Erlebnisbereich informieren Medienstationen über die neuesten Ausstattungsfeatures. Wer will, kann das neue E-Gefühl bei einer Testfahrt (nach Anmeldung) selbst erleben.

Gläserne Manufaktur · Lennéstr. 1 · glaesernemanufaktur. de

Schon wieder Barock?

Aber ja doch! Denn der 1719–32 unter Graf Wackerbarth und August dem Starken oberhalb von Pirna angelegte herrliche *Barockgarten Großsedlitz* gehört mit seinen Orangerien, Wasserspielen und Skulpturen zu den eindrucksvollsten und schönsten Barockgärten Deutschlands. Und vor allem: Hier geht es deutlich ruhiger zu als im Zwinger oder in Pillnitz!

Barockgarten Großsedlitz · Parkstr. 85, Heidenau · barockgarten-grosssedlitz.de

Rock 'n' Roll

Das Dresdner *Nachtskaten* mit Musik lockt freitags Hunderte auf die Straßen der Innenstadt. Na dann: Inliner anziehen und mitrollen!

Nachtskaten von ca. Ende April bis September · nachtskaten dresden.de

Schön sauber

Das 1912 auf Initiative des Odol-Fabrikanten Karl August Lingner zur „Volksaufklärung" gegründete *Hygiene-Museum* versteht sich heute als „Forum für Wissenschaft, Kultur und Gesellschaft". Die Dauerausstellung „Abenteuer Mensch" widmet sich Themen wie „Leben und Sterben", „Sexualität" oder „Essen und Trinken". Bekanntestes Exponat ist der „Gläserne Mensch", zu dem sich auch eine Gläserne Kuh gesellt hat. Im Kindermuseum dreht sich alles um die fünf Sinne.

○ *Deutsches Hygiene-Museum · Lingnerplatz 1 · dhmd.de*

Hoch hinaus

Die 1895 eröffnete *Standseilbahn* (Foto li.) führt vom Körnerplatz auf den Weißen Hirsch und überwindet dabei einen Höhenunterschied von 95 m. Von der Talstation der 1901 eingeweihten Schwebebahn am Beginn der Pillnitzer Landstraße geht es in 3 Min. auf die Loschwitzhöhe. Toller Blick von der Aussichtsplattform auf dem Dach der Bergstation.

○ *Standseilbahn · dvb.de*

Traditionseis

Das "Original Neumanns" gibt es inzwischen in drei Duzend Sorten, von Schoko-Vanille bis Gurke-Wacholder. In diesem hawaiianisch angehauchten Eiscafé kannst du alle durchkosten. Außenplätze mit Brunnengeplätscher-Beschallung im Hof.

○ *Tiki im Kunsthof · Görlitzer Str. 21*

Der Name „Saloppe" stammt nicht vom französischen salope (Schlampe), sondern von der Wutki Chalupka, einer Schnapsbude, 1813 von russischen Kosaken (angeblich) hier errichtet.

INSIDER-TIPP
Keine Schnapsidee!

Heute ist die Saloppe **eine Sommerwirtschaft im Grünen, mit kleinem, kultigem Tanztempel, Open-Air-Bühne und Biergarten.** *Partys, Konzerte und einmal im Jahr großes Seifenkistenrennen.*

○ *Saloppe · Brockhausstr. 1 · saloppe.de*

Durchatmen

Mit ihrer imposanten Kuppel überragt die *Frauenkirche* die Altstadt und prägt das Stadtbild Dresdens. Die riesige Kuppel, die „Steinerne Glocke", widerstand dem Bombardement der Preußen im Siebenjährigen Krieg. Auch die Bombennacht des 13. Februar 1945 hatte sie zunächst, obwohl ausgebrannt, überstanden. Am 15. Februar gaben die ausgeglühten Pfeiler jedoch nach, und die Kirche sank in sich zusammen. 1993 begann der Wiederaufbau, am 30. Oktober 2005 erfolgte die Weihe. In der Unterkirche, dem „Ort der Stille", befindet sich das Grabmal des Erbbauers George Bährs. Der rechte Ort zum Durchatmen.

○ *Frauenkirche · Neumarkt · frauenkirche-dresden.de*

Rundumblick mit Asisi

In einem alten Gasspeicher präsentiert der Künstler Yadegar Asisi im Wechsel zwei 360-Grad-Panoramen Dresdens. In der ersten Version huldigt er dem „Mythos der sächsischen Residenzstadt" mit „Dresden im Barock": Handwerker, Mägde und Persönlichkeiten der Zeitgeschichte bevölkern das 30 m hohe und 100 m lange historische Stadtbild aus Pixeln und Pinselstrichen, zu besichtigen von einem in der Mitte platzierten 15 m hohen Turm. „Dresden 1945" zeigt eine Ansicht der in Trümmern liegenden Stadt kurz nach der Bombardierung.

○ *Panometer · Gasanstaltstr. 8b, Reick · panometer.de*

Von italienischen Kirchen inspiriert, heute Symbol für den Neubeginn: Frauenkirche

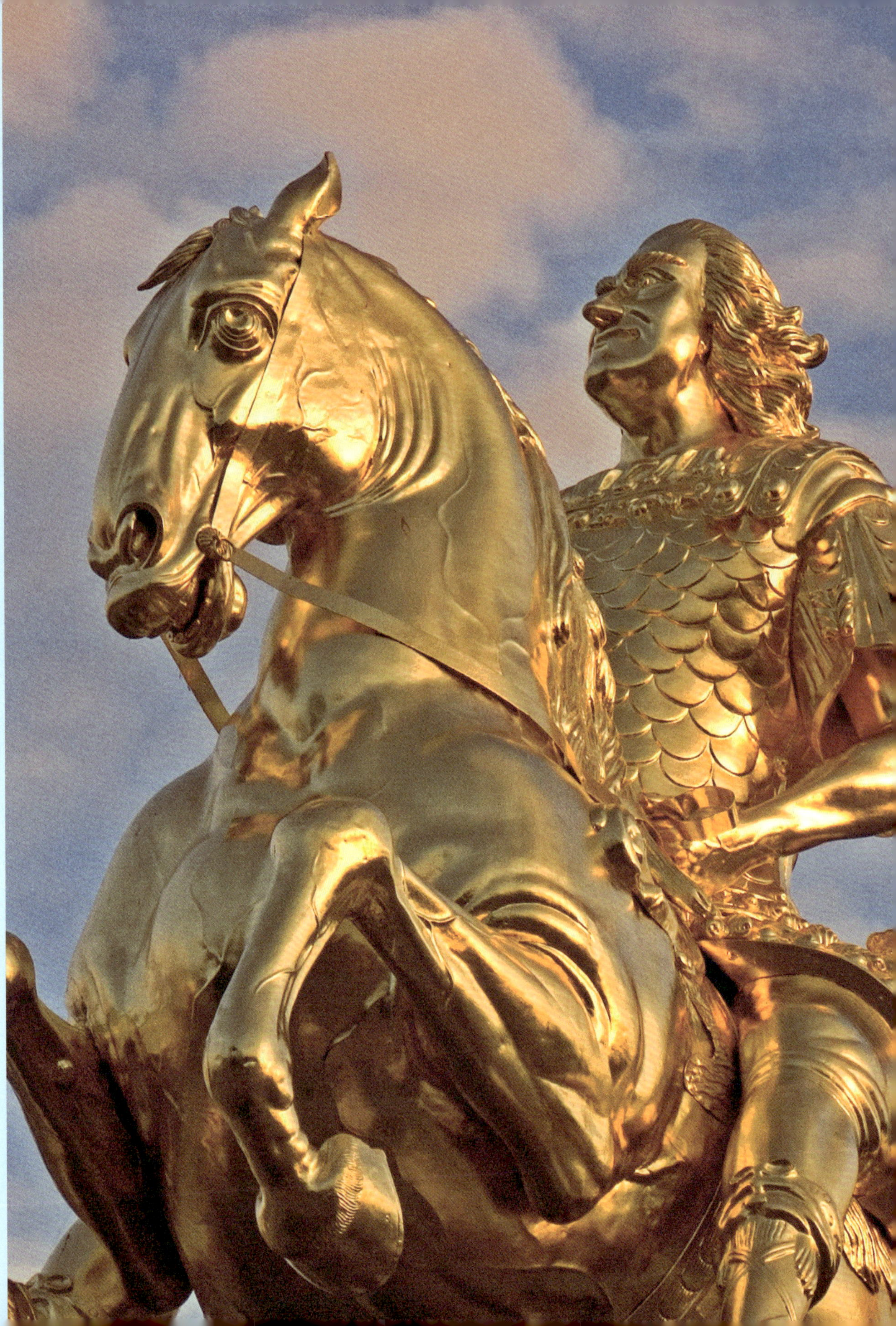

Der „Goldene Reiter“ alias August der Starke

11 Mätressen

hatte August der Starke offiziell.

1 Meter

Durchmesser hat die größte bisher gebackene Eierschecke. Sogar ein paar Zentimeter mehr.

4246 Kilogramm

Das war das Rekordgewicht des Riesenstollens beim Stollenfest 2013.

185 Köpfe

sind angeblich im berühmten Kirschkern im Grünen Gewölbe eingeschnitzt. Neuere Zählungen ergaben „nur" 113.

10.000 Pflanzenarten

beherbergt der Botanische Garten der TU Dresden.

1873

brachte der Dresdner Unternehmer Karl August Lingner Odol auf den Markt.

„Andere [
schlechte[
Fritten."

Belgisches Sprichwort

änder,
re

Ista

In Istanbul treffen sich Kulturen auch kulinarisch – auf der Kartoffel. Bestapelt mit Gemüse und Salat ist sie als Kumpir Streetfood Nummer eins.

nbul

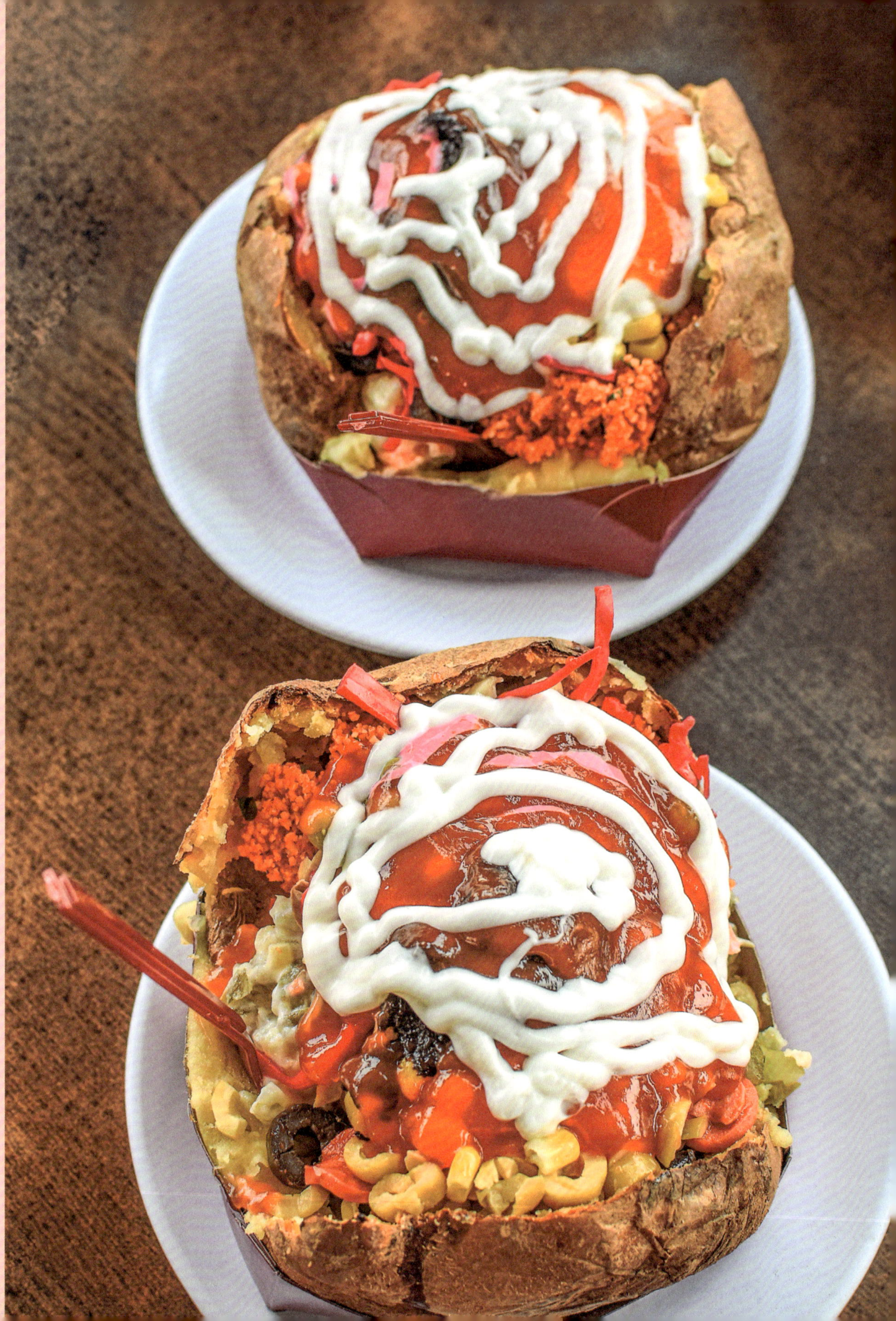

Don't call it Pellkartoffel

Europa? Asien? Religiös? Weltlich? Konservativ? Progressiv? Wenn eine Stadt zeigt, dass man sich entscheiden kann, einfach alles zu sein, dann Istanbul. Das spiegelt sich auch in der Lieblingsspeise der Istanbuler wider – klar! Der Kumpir hat, wiederum typisch, Wurzeln in der ganzen Welt und doch eine solide Basis: die Kartoffel. Das klingt zunächst mal langweilig, aber damit geht es erst los. Gebacken und aufgeschnitten wird ihr Innerstes mit Butter und Käse vermengt und dann mit Mezze, also türkischen Vorspeisen, Gemüse und Salaten überhäuft. Die Idee stammt aus den späten 1980ern und hat sich seitdem in Istanbul so weit entwickelt, dass sich unmöglich alles Angebotene ausprobieren lässt: Kichererbsen, Auberginenmus, eingelegte Paprika, Rettich, Oliven, Feta, scharfe Wurst, Mais, frische Pilze – eigentlich gibt es nichts, was nicht auf einen guten Kumpir kommen kann.

Die Töpfe voller Varianten füllen die Theken der Straßenstände bis zum Rand. Als schnelles Essen auf die Hand gibt es den Kumpir nämlich vorrangig an Imbissbuden. Manche Cafés und Restaurants bieten ihn aus Heimatgefühl, dann jedoch mit weniger Topping-Auswahl, ebenfalls an.

Kumpirs beste Kumpel

Im Epizentrum

1

Eine Straße mit dem Beinamen Kumpir Sokak, also Kumpir-Straße, ist selbstredend die beste Anlaufstelle, um selbigen zu essen. Also nichts wie los zur *Mecidiye Köprüsü Sokak*, wo sich Kumpirstand an Kumpirstand reiht und du am besten viele Freunde und großen Hunger mitbringst. Schließlich wäre es ein Verlust, hier nicht den großen Kartoffeltest zu starten. Die Reise in den Stadtteil Ortaköy lohnt sich zudem, weil a) der Ausblick über den Bosporus, b) die Moschee am Ufer und c) das Nachtleben dort genauso viel können wie das Kartoffelgericht.

Mecidiye Köprüsü Sokak

Hochstapler

2

Das Prinzip Drag und Drop wird in dem kleinen Imbiss mit dem poppigen Design zur Perfektion gebracht. Wer sich rechts in die Schlange einreiht, muss sich entscheiden, ob auf seiner Kartoffel Mais, Möhren, Kapern, Hummus, Kräuterquark oder, oder,

oder landen sollen. (Im Zweifel lautet die Antwort: Ja, bitte alles!) Auf der linken Seite des Ladens stellt sich eine vergleichbare Frage zum Belag einer Waffel. Pistaziencreme? Kiwi? Walnüsse? Kandierte Kirschen? Fest steht nur, dass hier keiner hungrig nach Hause geht.

Bebek Waffle & Kumpir · Cevdet Paşa Cadde 38/B · bebekwaffle.com

Für Stubenhocker

3

Nur weil es ein traditionell schnelles Essen ist, bedeutet es nicht, dass man seinen Kumpir nicht auch mal in Ruhe sitzend genießen möchte. Im *Key Karaköy* auf der Partymeile unweit des Galataturms geht das im Sommer auf der Straße und sonst urig zwischen Backsteinwänden. Praktisch: Nachtischkuchen und Getränk kannst du ebenfalls vor Ort einnehmen.

Key Karaköy · Kilicalipasa Mescidi Sok 15

Auf dem Ägyptischen Basar kannst du dein Verhandlungsgeschick beweisen

Wenn du schon mal da bist ...

Cocktails mit Aussicht

In der *Monkey Bar* gibt es Cocktails ohne Ende – und einen grandiosen Blick über das Goldene Horn und die Altstadt. Die unüberdachte Dachterasse ist vor allem von Mai bis Oktober sehr schön. Man sitzt auf Bänken oder Barhockern und lässt es sich beim Sonnenuntergang gut gehen. Zu essen gibt es Kleinigkeiten wie Tapas und Salate.

Monkey Bar · Nejat Eczacıbaşı Binası (über Salon IKSV), Sadi Konuralp Cad. 5

Über den Bosporus

Einsteigen in Eminönu, hochschippern bis zur Endstation, Einkehr ins Fischrestaurant und dann wieder mit der Fähre zurück: Vom Wasser aus bietet die Stadt ganz neue und unvergessliche Eindrücke.

Vom Anleger Boğaz Hattı in Eminönü bei der Galata-Brücke

Ein voller Bauch tanzt nicht gern?

Du kannst das Gegenteil beweisen und dabei noch ein wenig kühle Abendluft schnuppern. Im Open-Air-Club *Sortie* gibt es für 25 Euro Eintritt einen Drink und eine tolle Nacht unter Sternen! Komm am besten nach dem Abendessen und reservier am Wochenende, da ist der Club in der Regel sehr gut besucht.

Sortie · Muallim Naci Cad. 54 · sortie.com.tr

Auf Miniwallfahrt

Wer nicht bis Mekka kommt, besucht zumindest den innerstädtischen Wallfahrtsort, die *Eyüp-Moschee*. Eyüp ist das „heilige Viertel" İstanbuls und mit dem Schrein von Eyüp Ensari, dem Fahnenträger Mohammeds, der bei der ersten arabischen Belagerung Konstantinopels im 7. Jh. hier sein Leben ließ, ein wichtiger Wallfahrtsort für Alt und Jung. Gleich nach der Eroberung der Stadt 1453 ließ Mehmet II. zu Ehren des Märtyrers eine große Moschee bauen und dessen Gebeine feierlich zum zweiten Mal beisetzen. Heute besuchen Gläubige aus der ganzen Türkei den heiligen Ort. Neben der Moschee liegt ein großer Friedhof, durch den ein schöner Spazierweg führt. Über den Weg gelangt man den Hang hinauf.

Eyüp-Moschee · Bus und Fähre „Haliç Hattı" · eine 420 m lange Seilbahn fährt auf den Hügel

Düfte des Orients

Der *Ägyptische Basar*, auch Gewürzbasar genannt, ist ein Hochgenuss für die Augen und die Nase. Wer getrocknetes Obst, Nüsse, Heilkräuter, Kaviar oder Safran sucht, ist hier richtig. Bei Ucuzcular, dem ältesten Kräuter- und Naturladen İstanbuls, gibt es viele gute Produkte für Haut und Haare.

Ägyptischer Basar · Eminönü Meydanı · misircarsisi.org.tr

Royaler Ausflug

Genug vom Stadtleben? Dann auf ins Inselparadies direkt vor der Haustür: Einst Verbannungsort für byzantinische Prinzen, sind die *Prinzeninseln* im Südosten İstanbuls heute ein zauberhaftes Ausflugsziel. Für die maximale Erholung ist hier kein motorisierter Verkehr erlaubt. Neben dem Fahrrad (ab ca. 4 Euro für einen Tag) sind Pferdekutschen das einzige Fortbewegungsmittel.

Prinzeninseln · tgl. Linienschiffe von Kabataş oder von Bostanci am asiatischen Ufer

Weg von der Straße

Häufiges Problem bei Streetfood: die Aussicht. Im *360° Istanbul* kannst du ganz gediegen den Blick vom Topkapı-Palast übers Goldene Horn schweifen lassen. Das gläserne Restaurant im Jugendstilbau bietet einen atemberaubenden Rundblick. Unbedingt reservieren!

360° Istanbul · İstiklal Cad. 163 · 360istanbul.com

Flüssig oder rauchig?

Darf es nach dem riesigen Kumpir noch ein Tässchen Mokka sein? Im schattigen Hof einer ehemaligen Hochschule schmeckt der nämlich besonders gut, das gilt auch für den Apfeltee. Der Teegarten *Çorlulu Ali Paşa Medresesi* wird von allen Bevölkerungsschichten besucht, auch zum gemütlichen Shisha rauchen (Foto li.).

🍴 *Çorlulu Ali Paşa Medresesi · Yeniçeriler Cad. 34*

Schön shoppen

Die Internationalität Istanbuls stellt die gebürtige Kanadierin Jennifer bestens unter Beweis. Nach Jahren in Thailand hat sie hier ein Geschäft für hochwertige Badetextilien und Körperpflegeprodukte eröffnet und achtet dabei auf Originalzertifikate und ökologische Erzeugnisse.

🛍 *Jennifer's Hamam · Arasta Basar 43 und 135 · jennifershamam.com*

Edel entspannen

Deine bei Jennifer neu erworbenen Beutestücke kannst du dann im Türkischen Bad gleich ausprobieren – ein Muss in Istanbul! Das top modernisierte *Çukurcuma-Hamam* (1831) ist mit seiner Synthese aus Alt und Neu eines der schönsten der Stadt. Erwachsene sind hier übrigens gern unter sich – Kinder unter 12 Jahren dürfen nicht dabei sein.

🧖 *Çukurcuma-Hamam· Firuzaga Mah., Çukurcuma Cad. 43 · cukurcumahamami.com*

Die Şerefiye Zisterne ist ein Juwel mitten in der Altstadt und bislang noch sehr wenig besucht. Mit ihren 1600 Jahren ist sie älter als die Hagia Sophia oder die Yerebatan! Während sich in der Yerebatan die Massen drängen,

INSIDER-TIPP
Allein im Untergrund!

kannst du hier in aller Ruhe eine wunderschön restaurierte unterirdische Zisterne besichtigen und fotografieren. Wechselnde Ausstellungen. Ein Lift ist vorhanden.

📷 *Şerefiye Zisterne . Pitor Loti Cad. 25*

Beim Barte des Propheten!

Jetzt wird's historisch! Über vier Jahrhunderte war der *Topkapı-Palast* das Zentrum der osmanischen Weltmacht – mit zeitweilig mehr als 5000 Bewohnern. Der Gebäudekomplex besticht durch filigrane Architektur statt majestätischer Wucht. Filmkenner freuen sich über den ausgestellten Topkapi-Dolch, der im Gangsterfilm von 1964 trickreich geklaut werden sollte. Direkt gegenüber auf der anderen Seite des Hofs werden die religiösen Schätze gezeigt, darunter das sprichwörtliche Barthaar des Propheten. Und nach der Tour ins Café im Palastgarten, von dem aus du einen herrlichen Blick auf die Einfahrt in den Bosporus und den asiatischen Teil İstanbuls hast.

📷 *Topkapi-Palast · Cankurtaran · millisaraylar.gov.tr*

Ein blaues Wunder

43 m hoch ragt die *Blaue Moschee* in den Himmel. Ihren Spitznamen verdankt die imposante Schönheit, die eigentlich Sultan-Ahmed-Moschee heißt, unzähligen blauen Fliesen. Wenn du die blaue Pracht von innen bestaunen willst, gibt es sogar noch einen roten Teppich und riesige Kronleuchter obendrauf. Selbst der Blick aus einem der 260, meist bunt verglasten Fenster lohnt sich: Du blickst über das Marmara-Meer oder in einen prächtigen Moscheengarten. Nur freitags sollte man die Moschee den Betenden überlassen.

📷 *Blaue Moschee · Sultanahmet Meydanı 7*

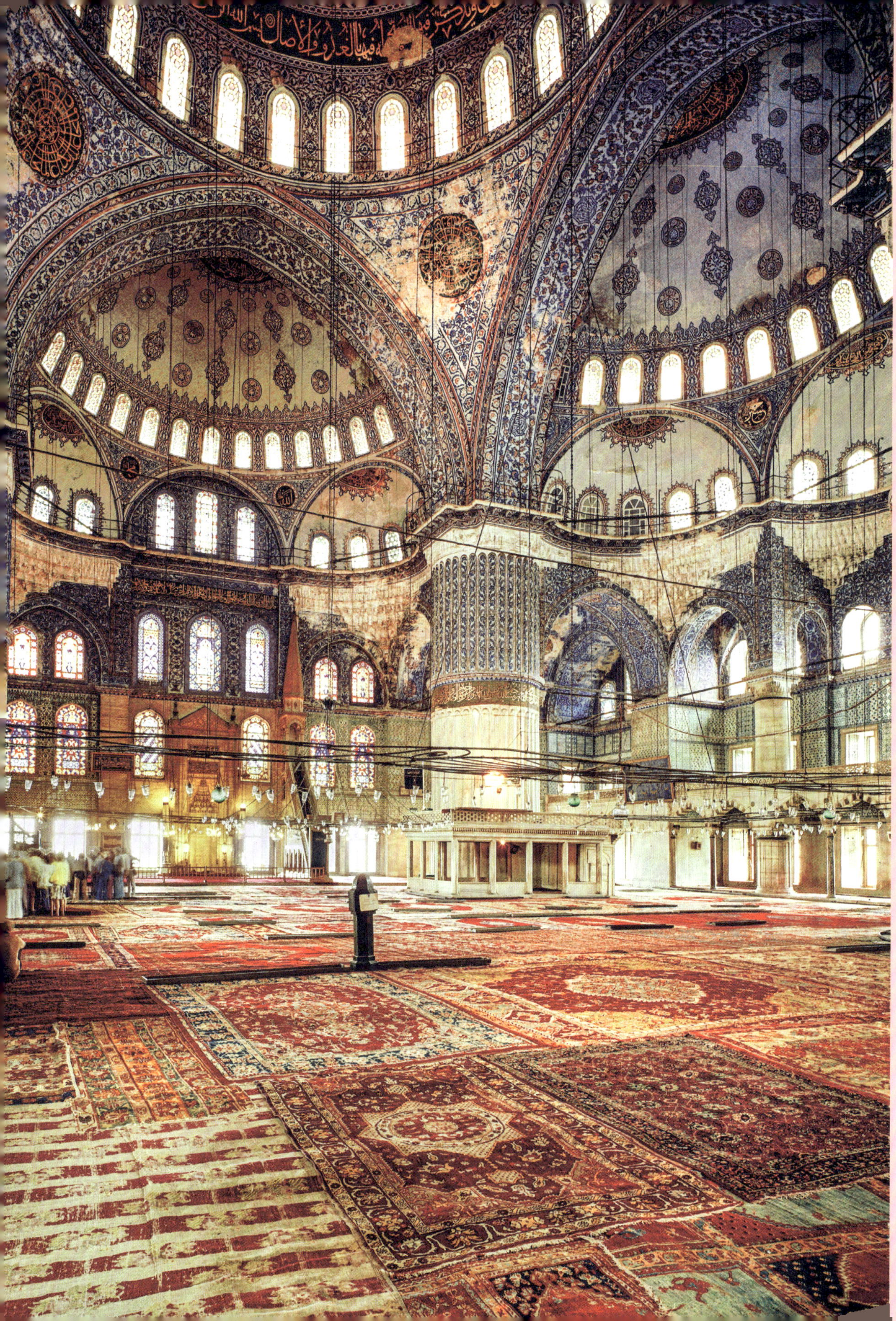

Blaue Schönheit – die Sultan-Ahmed-Moschee

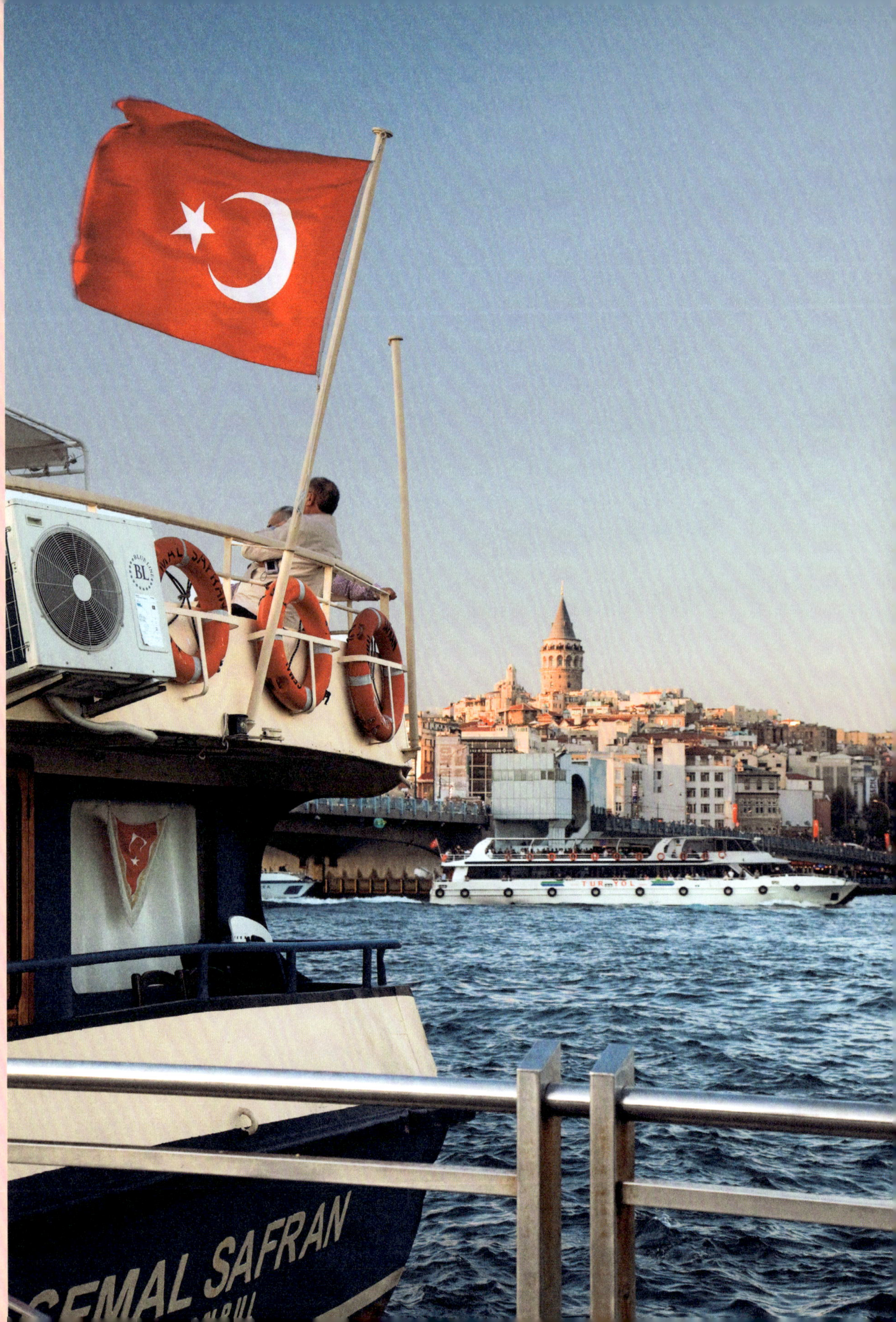

Mal kurz von Europa nach Asien über den Bosporus

2 Kontinente

Istanbul ist die einzige Stadt der Welt, die auf zwei Kontinenten liegt.

12 -mal

müssen Schiffe bei der Bosporus-Passage den Kurs ändern.

3113 Moscheen

gibt es derzeit in Istanbul.

450 Gramm

Kartoffelbasis braucht ein Kumpir im Durchschnitt.

4000 Geschäfte

warten im Großen Basar auf Kundschaft.

165 Meter hoch

sind die Pylonen der Bosporusbrücke zwischen den Stadtteilen Beşiktaş und Üsküdar.

Ma

Madrilenen mögen's morgens süß. Chocolate con Churros – Kakao mit Spritzgebäck – ist bei Nachtschwärmern wie Frühstückern beliebt.

drid

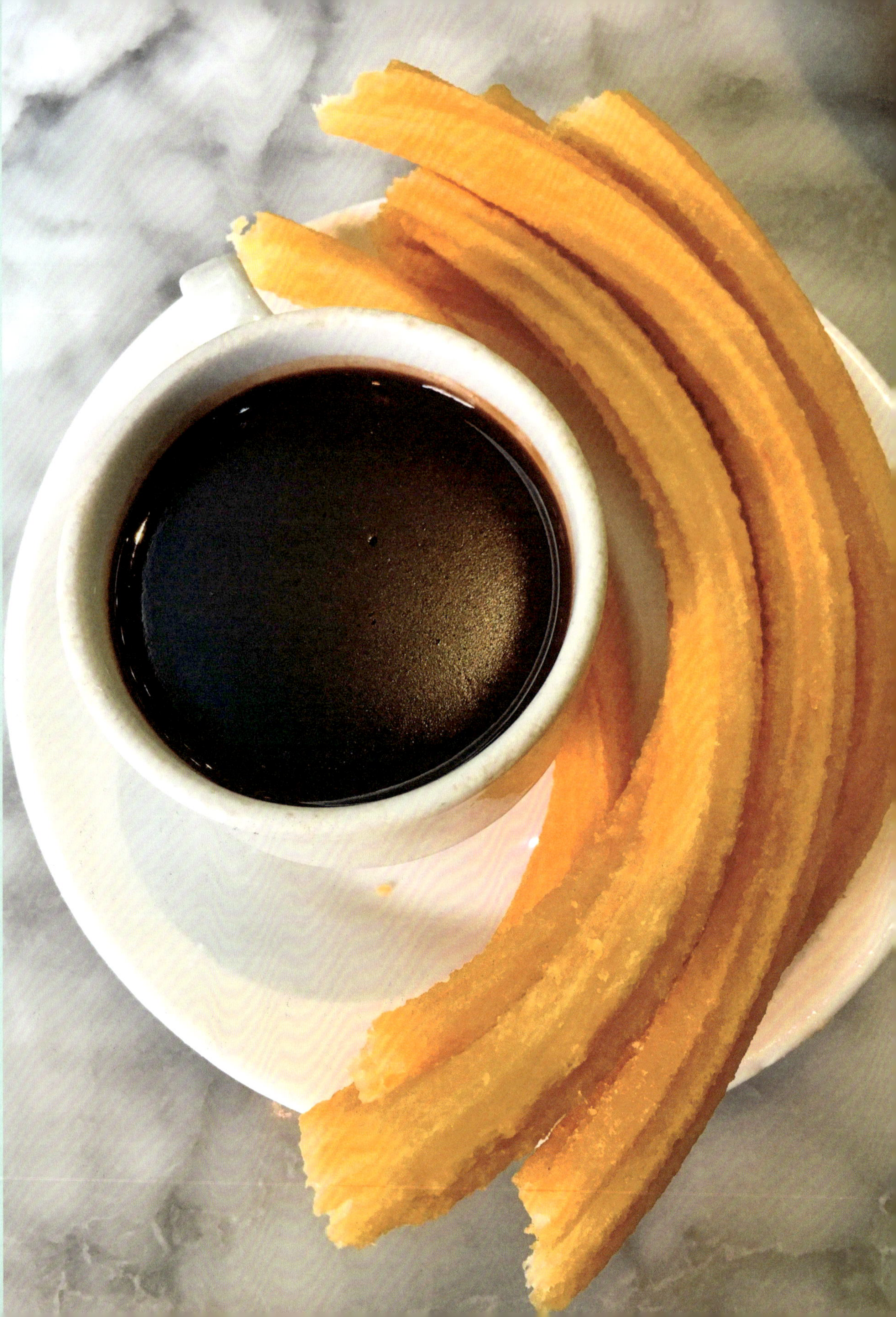

Unschlagbares Duo: *churros* mit Schokolade

Spanische Spitzen-Spritzkunst

Churros sind kross frittierte, lange Spritzgebäck-Schlangen aus Brandteig. *Churreros* sind Menschen, die sie herstellen. *Churrería* heißen deren Cafés und damit Wirkungsstätten. Heimisch fühlt sich das Trio auf der ganzen iberischen Halbinsel. In perfekter Harmonie findet man sie jedoch nur in Madrid – meinen zumindest die Madrilenen.

Ebenfalls umstritten ist der Ursprung des Fettgebäcks. Die einen behaupten, portugiesische Händler hätten die Tradition aus China mitgebracht, wo ein ähnliches Backwerk auf den Namen *youtiao* hört. Andere sehen spanische Schäfer in der Verantwortung, die den einfach herzustellenden Teig bei der Arbeit auf offenem Feuer rösteten. Dazu passt, dass es eine Schafrasse namens Navajo-Churro gibt, deren Hörner der Süßspeise zumindest äußerlich ähneln. Andererseits steht *churre* auf Spanisch auch für dickflüssiges Fett. Doch ist das wichtig? Hauptsache, es schmeckt! In Madrid steht man auf besonders dicke *churros*, auch *porras* genannt. In Kombination mit Kakao (genauer: geschmolzener Schokolade) werden sie als *chocolate con churros* zum Frühstück oder als Abschluss einer Partynacht verzehrt.

Hier wird frisch frittiert

Pausenlos durch die Nacht

1

Wenn eine *churrería* online Fanbedarf verkauft, hat das Gründe. Bei der *Chocolatería San Ginés* (Foto o.) sind dies die Tradition seit 1894 und die Krossheit des Gebäcks, das perfekt mit der Tasse Schokolade harmoniert. In der kleinen Passage – von der Plaza Mayor gleich um die Ecke – stehen dafür alle Schlange. Man isst im Stehen oder erkämpft sich einen Sitzplatz. Dazu bietet das Café mit seinen Marmortischen und grün vertäfelten Wänden eine Zeitreise ins vorletzte Jahrhundert. Wartefaule Schlaumeier kennen die Öffnungszeiten rund um die Uhr und kommen nachts um drei.

Chocolatería San Ginés · Pasadizo de San Ginés 5 · chocolateriasangines.com

Lässt durchblicken

2

Ein Familienbetrieb, der seit 1902 Erfahrung in der Zubereitung von *churros* hat und sein Wissen jeder Generation weitergibt. Ein großes Schaufenster, durch das man die ordnungsgemäße Zubereitung genau verfolgen kann. Eine Karte, auf der neben dunkler auch sonst nicht übliche Milchschokolade sowie Kakao mit Likörschuss stehen. Und dann gibt es auch noch Monster-*churros*, gefüllt mit Creme. Muss man mehr sagen? Eben. Also nichts wie hin!

Los Artesanos 1902 · Calle de San Martín 2 · chocolateria1902.com

Kulturaffin

3

Mit seiner Lage im Museumsviertel eignet sich das kleine Café perfekt als kulinarischer Genuss vor dem kulturellen oder zur Erholung nach selbigem. Zum Körbchen voller *churros* bekommst du die selbstredend täglich frisch angerührte Schokolade – bei Bedarf auch ohne Laktose, Gluten oder Zucker. Wobei sich bei Letzterem die Frage stellt: Wer will das? Und schließlich gibt es bei akutem Bedarf nach Herzhaftem auch leckere Sandwiches mit spanischem Schinken oder Thunfisch und Ei.

Chocolat Madrid · Calle Santa Maria 30 · chocolatmadrid.com

Schoko-spezialisten

4

Was dem Deutschen Milka und dem Briten Cadbury's ist dem Spanier *Valor*. Die beliebte Schokoladenmarke betreibt in Madrid einige Cafés, und *chocolate con churros* gehört zum Angebot natürlich dazu. Allerdings gilt es die Herausforderung zu meistern, zwischen unzähligen Kakaosorten eine zu wählen. Unentschlossene nehmen das Testpaket *cuatro sentidos* (vier Sinne) mit vier Geschmacks-Probierportionen.

Chocolatería Valor · Calle del Postigo de San Martín 7 · valor.es

Mit Schuss

5

Die sympathische Bar nördlich des Zentrums versorgt die Nachbarschaften von Trafalgar und Almagro mit Frühstück. Neben belegten Sandwiches und Omelette gehören dazu auch schmackhafte *churros*. Die Spezialität des Hauses sind jedoch *rechupetes*. Diese werden mit Zucker bestreut und zudem mit Kräuterlikör beträufelt. Für Freunde des beschwingten Frühstücks und alle, die *churros* auch als abendlichen Nachtisch und zum Ausgeh-Start mögen.

Chocolateria Bar Rocamar · Calle de Sta Engracia 29

Gambas al Ajillo
racion 9,90 €

Gambas Gabardina
racion 9,60 €

Langostinos Plancha
racion 15,50 €

Wenn du schon mal da bist ...

Die Kekse der unsichtbaren Nonnen

Völlig abgeschottet hinter Klostermauern leben die „Kohlennonnen", die es auf sich genommen haben, niemals mit der Außenwelt in Kontakt zu treten. Wenngleich es sich um echte Geschäftsfrauen handelt, denn sie verdienen sich eine goldene Nase mit ihrer Plätzchenbäckerei. Du kannst sie sogar besuchen und ihre leckeren Kekse direkt im Kloster kaufen, allerdings wirst du sie nie zu Gesicht bekommen, denn der Verkaufstresen wird von einer Holzwand geteilt und die Gebäck- bzw. Geldübergabe findet mit Hilfe einer Drehplatte statt. Sehr skurril! Am besten besuchst du sie unter der Woche, denn am Wochenende hängt meistens ein Schild „Ausverkauft" an der Klostertür.

🛍 *Convento de las Carboneras · Plaza del Conde de Miranda 3*

Essen mit Aussicht

Große Konkurrenz für den berühmten Mercado de San Miguel und weitaus weniger touristisch geprägt. Auf drei Etagen erwarten dich Delikatessen, Tapas und die Dachterrasse mit Chilloutsesseln, Cocktailbar und dem Restaurant La Cocina de San Antón.

🍴 *Mercado de San Antón · Calle Augusto Figueroa 24 · mercadosananton.com*

Die Calle de Ponzano ist die Adresse für Tapastouren und ==die besten Restaurants von Chamberí abseits der üblichen Tourimeilen. Egal, wo du reingehst – hier schmeckt alles!== *Das Angebot ist riesig und für jeden Geldbeutel: im Lambuzo, Arima, Le Qualitè Tasca, Taberna Averías oder dem Klassiker Fide. Cooles Ambiente und viel junges Volk, das sich auch gern auf der Straße vor den Lokalen tummelt.*

🍴 *Calle de Ponzano · Chamberí*

INSIDER-TIPP
¡Vamos a tapear!

Muss schon sein

Mehr El Greco, Velázquez und Goya als im *Prado* gibt es nirgends. Dazu Bosch, Rubens und Brueghel, Dürer und Cranach, Italiener Botticelli, Rafael, Tizian, Tintoretto, Caravaggio und, und, und ... Um den Prado kommt man in Madrid nicht herum. Wer sich schwertut: Vielleicht überzeugt der freie Eintritt Mo–Sa ab 18 und sonntags ab 17 Uhr? Und dann nur den „Garten der Lüste" von Hieronymus Bosch anschauen ...

📷 *Museo Nacional del Prado · Paseo del Prado · museodelprado.es*

Kaffee und Blumen

Das *Plántate* in Lavapiés ist nicht nur ein Café mit den tollsten Kaffeekreationen wie Macchiato, Flat White, Affogato, Cold Brew oder Espresso Tonic, sondern auch ein Blumenladen. Und du bekommst hier die besten Cookies mit Ahornsirup, denn Betreiber Kevin stammt schließlich aus Toronto.

🍴 *Café Plántate · Calle del Mesón de Paredes 8*

Garten im Kofferladen

Eigentlich verkauft Salvador Bachiller Koffer und feines Geschirr. Im „geheimen Garten" auf dem Dach kannst du eine Shoppingpause einlegen und deinen Gaumen befriedigen. Besonders angesagt sind der Brunch, das Craft-Bier und die Cocktails.

🍴 *Salvador Bachiller · C/ de la Montera 37 · salvadorbachiller.es*

Nach Ägypten

Liebespaare kommen in erster Linie wegen der Romantik zum *Templo de Debod* im Süden des Parque del Oeste. Hier ist nämlich Madrids schönster Ort, um der Sonne beim Untergehen zuzuschauen. Aber was macht ein ägyptischer Tempel in Madrid? Spanien hatte Ägypten in den 1960ern beim Bau des Assuan-Staudamms geholfen. Zum Dank gab es diesen über 2200 Jahre alten Tempel.

📷 *Templo de Debod · Calle Ferraz 1*

Bahnhof unter Palmen

Von außen sieht er aus wie ein historischer Bahnhof. Die Überraschung kommt, wenn du einmal drin bist: ein überdimensionales Gewächshaus! Gut 100 Jahre lang fuhren Lokomotiven in die prächtige Halle, bis die spanische Regierung beschloss, eine Hochgeschwindigkeitsverbindung zur Expo 1992 in Sevilla zu schaffen. Dafür baute man eine neue Halle direkt hinter die alte, und auf einmal war Platz für den Palmengarten'. Bars und Restaurants gibt es hier, damit du auch an kalten Tagen im kuschelig warmen Ambiente des tropischen Gartens Kaffee trinken kannst.

📷 *Estación Atocha Renfe*

Flamenco 2.0

Die von zwei jungen Flamencotänzerinnen gegründete Bühne ist weniger folkloristisch als die alteingesessenen *tablaos*, die Aufführungen deshalb auch etwas frischer.

🎭 *Las Tablas · Plaza de España 9 · lastablasmadrid.com*

Madrids Sixtinische Kapelle

Von außen kommt man nicht annähernd auf die Idee, was sich hinter der schlichten Ziegelfassade dieser Kirche verbirgt. Der über und über mit Fresken bemalte Kirchenraum gibt dir das Gefühl, mitten in einem Gemälde zu stehen, das ganz konkret die Lebensstationen und Wundertaten des Heiligen Antonius von Padua erzählt. Und das mitten auf der Hipstermeile von Malasaña!

📷 *San Antonio de los Alemanes · Calle de la Puebla/Corredera Baja de San Pablo 16*

Gute Nerven

Wer ein bisschen Nervenkitzel mag, steigt in die wackligen Gondeln des *Teleférico de Madrid*, Madrids Seilbahn (Foto li.), die dich vom südlichen Ende des Parque del Oeste weit mitten in die Casa de Campo hinabschaukelt. Der Blick auf die Stadt aus bis zu 40 m Höhe ist atemberaubend.

📷 *Teleférico de Madrid · Estación Rosales/ Paseo de Pintor Rosales · teleferico.emtmadrid.es*

Maurische Zeiten

Das arabische Bad beamt dich zurück in die maurische Epoche Spaniens. Im Heißwasserbecken unter steinernen Bögen, in warmen Orangetönen bemalt, ist das tosende Madrid vor der Tür ganz weit weg.

🧖 *Hammam Al-Andalus · Calle de Atocha 14 · madrid.hammamalandalus.com (nur mit Reservierung)*

Feiern im Keller

Hier geht die Party ab! Eines der mythischsten Lokale von Chueca, untergebracht in einem runden Kellergewölbe, das spätestens um Mitternacht rappelvoll ist. Neben den Ikonen der LGBT-Gemeinde wie Village People, Madonna oder Kylie Minogue läuft hier auch gern ein Kontrastprogramm, etwa Flamenco oder ein paar Hits von AC/DC.

🎉 *Why not? · Calle San Bartolomé 7*

Hier tobt das Leben

Bei gutem Wetter ist die verkehrsberuhigte *Plaza de Olavide* ein einziger Bienenkorb. Acht einfache Restaurants mit Dutzenden Tischen vor der Tür, die von Gästen und oft auch Straßenmusikern umlagert sind. Unbedingt probieren: eine saftige *tortilla de patatas* mit Salat und Paprika. Oder die *tostas* in der Bar La Oliva.

🍴 *Plaza de Olavide · Trafalgar/ Chamberí*

2710 Stunden

pro Jahr scheint die Sonne über Madrid.

33 -mal

gewann Real Madrid bislang die spanische Fußballmeisterschaft.

667 Meter

über dem Meeresspiegel liegt Madrid – so hoch wie keine andere europäische Hauptstadt.

3,5 Millionen

Besucher wurden 2019 im Museo del Prado gezählt.

Weltrekord: 77 m

lang und 30 kg schwer war der größte *churro*; Rekordhalter ist ein Bäcker in Kanada.

3418 Zimmer

hat der Königliche Palast.

Indische Küche trifft europäischen Gaumen: Auf chicken tikka masala können sich alle Londoner als Lieblingsgericht einigen.

don

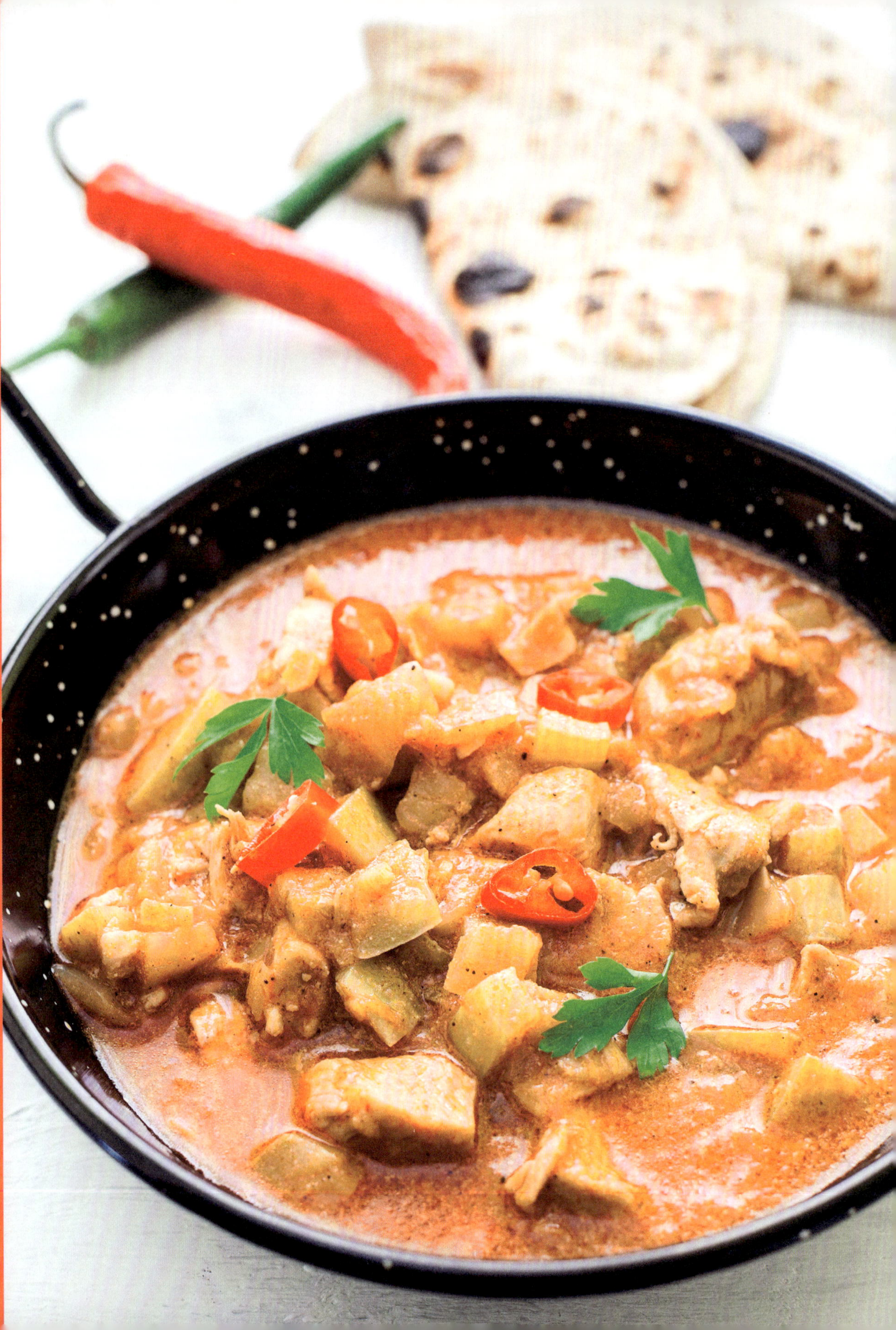

Indisch und britisch zugleich, das *chicken tikka masala*

Kultureintopf für ein Empire

Die britische Küche genießt nicht den besten Ruf. Dabei ist sie ehrlich, unprätentiös und damit ein Angebot wie Omas Eintopf, auf das sich alle Familienmitglieder einigen können. Was perfekt ins multikulturelle London passt. Das beste Beispiel dafür ist CTM, wie Fans von *chicken tikka masala* ihr Lieblingsgericht gern nennen. Dafür wird in Joghurt eingelegtes und dann angebratenes Hühnchen *(chicken)* in Stücke geschnitten *(tikka)* und mit Tomaten und einer Mischung aus vielen Gewürzen *(masala)* kombiniert. Welche das sind, ist dem Koch überlassen. Daher schmeckt das Gericht überall anders, jedoch verlässlich gut.

Erdacht wurde es – so erzählt man sich zumindest –, weil dem an dicke Saucen zum Fleisch gewöhnten Briten das indische Grillhähnchen zu trocken war. Ob das stimmt, ist genauso umstritten wie der Ort der Erfindung. Neben London sehen sich auch Glasgow sowie die indische Region Punjab als Kandidaten. Wer auch immer auf die Idee kam: Ihm ist es gelungen, unter Rücksicht auf britische Vorlieben und mit indischen Zutaten ein Nationalgericht für die einstige Kolonialmacht zu schaffen.

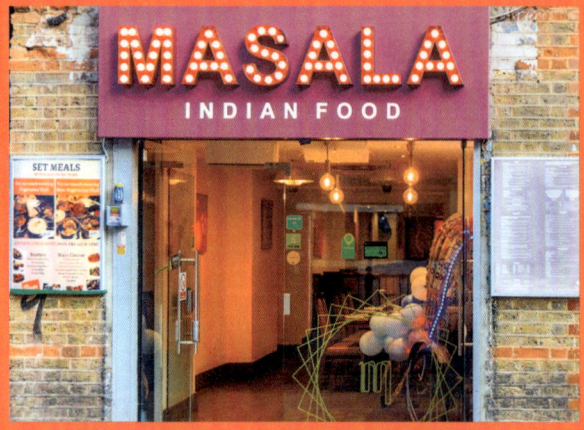

Schicke Chicken

Es bleibt in der Familie

1

Seit 1946 serviert das Traditionshaus in Covent Garden nordindische Küche – länger als jeder andere Nordinder im Land. CTM steht seit 1973 auf der Karte, mit Fug und Recht kann behauptet werden: Die mittlerweile vierte Generation der Familie Maan am Herd kennt sich damit aus. Damit diese Kompetenz auch empfindlichen Gaumen zugänglich ist, wird das *chicken* „mild" zubereitet. Achtung! Reis oder Naan-Brot müssen extra geordert werden. *Bullet-Naan* mit frischem Chili, Koriander und Knoblauch ist eine Spezialität im *Punjab* und explizite Empfehlung.

Punjab · Neal Street 80 · punjab.co.uk

Banker, die an Mumbai denken

2

Man nehme drei Cousins, von denen einer Berater und zwei Banker sind. Hinzu füge man die Erinnerung an von iranischen Einwanderern im Mumbai des frühen 19. Jahrhunderts eröffnete Cafés, die alle Kulturen über einem ehrlichen Teller Curry zum Tee zusammenbrachten. Fertig ist die hippste Restaurant-Neugründung des vergangenen Jahrzehnts. Schick, gemütlich und doch bezahlbar – wo gibt es das in dieser Stadt noch? In vier weiteren *Dishoom*-Filialen (s. Website). Das CTM wird nach Familienrezept nicht in Joghurt, sondern süßen Essig eingelegt.

Dishoom · Boundary Street 7 · dishoom.com

Einmal hin, alles drin

3

In der *Brick Lane* (Foto S. 84 re.) und ihren Nebenstraßen im Londoner Osten kann man auf der Suche nach gutem *chicken tikka masala* gar nichts falsch machen. Hier gibt es nicht nur viele indische Restaurants. Sie kochen auch alle, angesichts der großen Konkurrenz, authentisch. Wer mehr Anleitung möchte, lässt sich bei einer *Secret Food Tour* betreut durch die Gegend und seine Restaurants führen – Kostproben inklusive (secretfoodtours.com).

Brick Lane

„Chicken tikka masala ist nun ein echtes britisches Nationalgericht. Nicht nur, weil es das beliebteste ist, sondern weil es perfekt verdeutlicht, wie Großbritannien äußere Einflüsse aufnimmt und anpasst.“

Robin Cook, ehemaliger Außenminister Großbritanniens

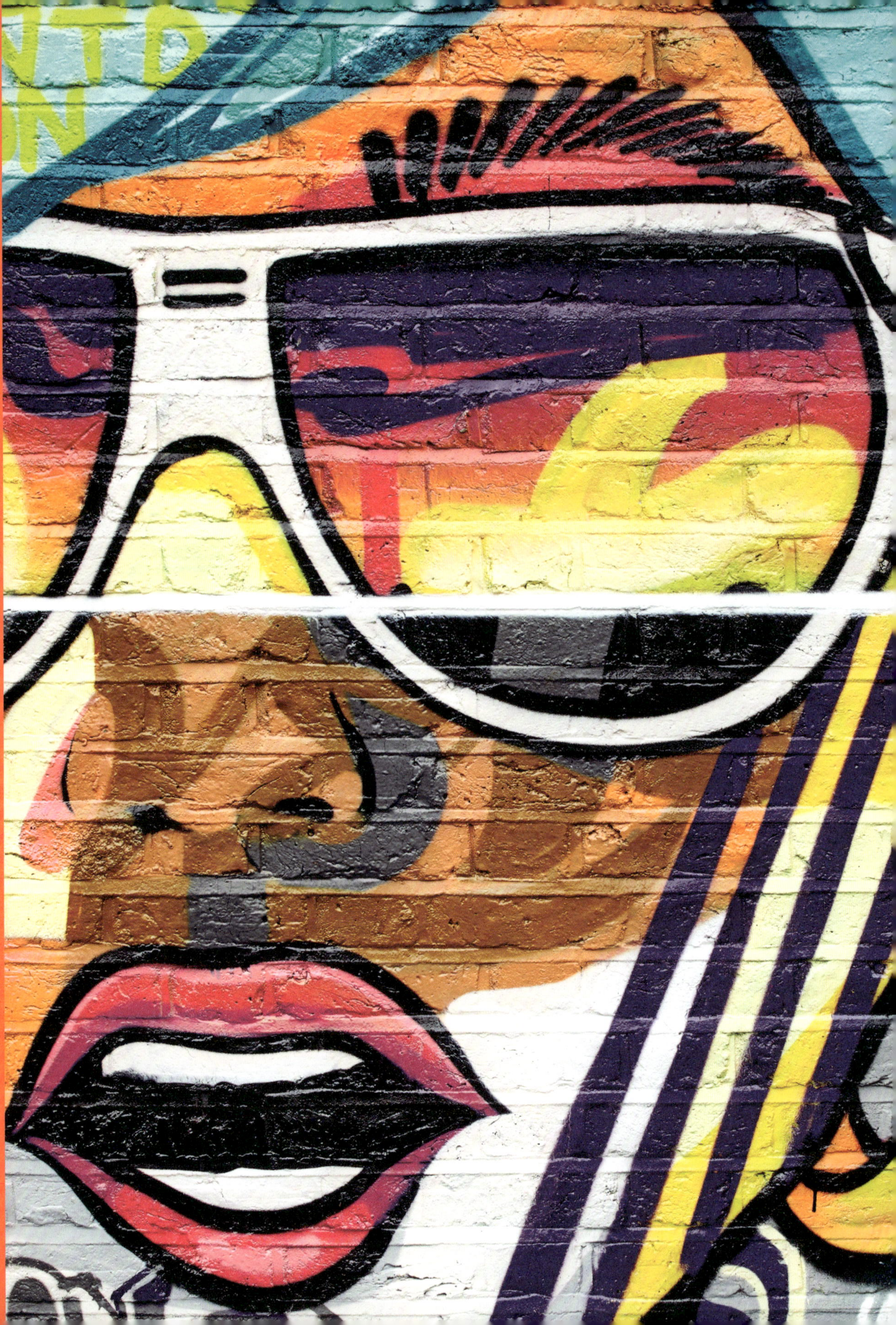

Wenn du schon mal da bist ...

Das nationalere Nationalgericht?

Diese Frage beschäftigt allenfalls eingefleischte Patrioten. Jedenfalls sind Kabeljau mit Fritten und Essig so britisch wie *chicken tikka masala*. Schon lange versorgt Pop Newland das East End mit ehrlichen Fish & Chips (Foto re.). Der Fisch kommt frisch vom Billingsgate Market. In Zeitungen wird aber nicht mehr verpackt.

🍴 *Poppies · 6 – 8 Hanbury Street · poppiesfishandchips.co.uk*

Immer mit der Ruhe

Wachablösung der Horse Guards verpasst? Nicht schlimm – fotografieren kannst du trotzdem, denn die Kavalleristen und ihre Rösser nehmen es mit stoischer Gelassenheit hin, für Tausende von Schnappschüssen herhalten zu müssen. Das Gewusel und Gekicher um sie herum muss man erlebt haben!

📷 *Horseguards, Whitehall*

Wie es ihm gefiel

Im achteckigen Open-Air-Theater wurden William Shakespeares Stücke aufgeführt, bis es niederbrannte und abgerissen wurde. Ende der 1990er-Jahre baute man es wieder auf. Und so kann, wer will, Shakespeares Theaterluft unter freiem Himmel schnuppern.

🎭 *Shakespeare's Globe Theatre · New Globe Walk · shakespeares globe.com*

Viel, bunt, voll

Streetfood-Freunde reisen geschmacklich einmal um die Welt in der Brick Lane. Am Wochenende schiebt man sich durch den Trubel vorbei an Selbstgenähtem, Schmuck, Secondhand, Vinyl, Ramsch, Schuhen. Epizentrum ist die *Old Truman Brewery*, vor allem beim Sunday Up Market: Dann kannst du die Hersteller von Vintagemode, Kinderklamotten und Schmuck persönlich kennenlernen.

🍴 *Brick Lane Market · Spitalfields*

Nachts auf der Themse

Wasserabenteuer für Nachteulen: ein zweistündiger Kayaktrip auf der Themse vom Limehouse Basin nach Greenwich. Ziel ist der Cutty Sark Pub, wo es einen Whisky gibt. Und wenn ich nicht paddeln kann? Im Hafenbecken Shadwell Basin darfst du übungshalber das Paddel schwingen.

🚣 *Secret Adventures · secretadventures.org · Shadwell Basin Outdoor Activity Centre · shadwell-basin.org. uk*

Der Star am Londoner Museumshimmel ist das weltweit größte Museum für zeitgenössische Kunst. Das Tate Modern an der Themse hat mit aufsehenerregenden Projekten in der Turbinenhalle Furore gemacht. Und auch wenn du damit nicht so viel anfangen kannst: Mit dem pyramidenförmigen Erweiterungsbau hat es nicht nur 60 % Ausstellungsfläche gewonnen, sondern vor allem einen grandiosen kostenlosen Blick vom 10. Stock auf die Stadt.

INSIDER-TIPP
Aussicht vom Museum

📷 *Tate Modern · 53 Bankside · tate.org.uk*

Wander-Party

Du suchst die London Partynight? Mit R'n'B, Hip-Hop und Garage-Rock Sounds aus den 90ern und frühen 2000ern? Dann halte online Ausschau nach dieser Partylocation, denn die wechselt wöchentlich. Eine der besten weiblichen DJs des Landes, Emily Rawson, legt auf.

🎶 *supadupaflylove.com*

Für Amy-Fans

Kunterbunt, skurril, voll – für Leute, die gern stöbern und Menschenmassen nicht scheuen: Schmuck, Klamotten, fetzige Designtrends für jeden Geschmack, auch beim Essen. Amy-Winehouse-Fans finden hier ihr Denkmal in typischer Pose oder treffen sich in ihrem alten Pub Hawley Arms (2 Castlehaven Road).

🛍 *Camden Market (kl. Foto re.)* · *camdenmarkets.org*

Gut beschirmt

So ein Schirm kann in London manchmal ganz nützlich sein ... Dieser 1830 gegründete Familienbetrieb verkauft umbrellas vom Knirps bis zum Sonnenschirm, plus Wanderstöcke & Co.

🛍 *James Smith & Sons* · *53 New Oxford Street* · *james-smith.co.uk*

Vom Pferd zur Bahn

Willst du wissen, wie sich die Londoner im Laufe der Jahrhunderte fortbewegt haben? Das Museum geht dieser Frage nach und zeigt Exponate vom „Pferdebus" über die erste U-Bahn bis hin zum modernen, neuen Design-Doppeldeckerbus. Kinderfreundlich und interaktiv: In einigen Bahnen kann man einsteigen und im Simulator die U-Bahn steuern. Für kleinere Kinder gibt es den gesonderten Spielbereich „All aboard playzone". Hier dürfen die Minis selbst in Uniform den Bus fahren.

📷 *London Transport Museum* · *39 Wellington Street* · *ltmuseum. co.uk*

Nicht ganz so hoch, aber ...

Für eine Runde mit dem Riesenrad London Eye muss man ordentlich in die Tasche greifen. Es geht auch günstiger und immerhin noch in 50 m Höhe: Mit der eigens für Olympia 2012 errichteten Seilbahn fährt man zwischen North Greenwich und Royal Victoria Docks zum Nahverkehrstarif über die Themse!

📷 *Emirates Cable Car Terminal* · *U-Bahn North Greenwich* · *emirates airline.co.uk*

Royals allein zu Haus

Wenn du den Hyde Park durchquert hast, kommst du durch die Kensington Gardens zur letzten Residenz von Princess Diana. Hier lebte sie nach der Trennung von Charles. Nachdem Harry und Meghan ausgezogen sind, wohnen William, Kate und die Kinder hier nun allein. Ein Teil des Palastes ist aber zugänglich. Anzuschauen gibt es neben den State Apartments Ausstellungen über die ehemaligen Bewohnerinnen Königin Victoria und Diana, die „Queen of Hearts".

📷 *Kensington Palace* · *hrp.org.uk*

Ein Pub muss sein

Am besten natürlich ein schöner Arts-&-Crafts-Jugendstil-Pub! Überm Eingang des *Black Friars* wacht eine Mönchsfigur, drinnen trinkt man zwischen Bronzereliefs und Marmor. Gezapft werden leckere Ales; dazu britisches Craftbeer, eine geniale Gin-Auswahl und typisches Pub-Essen, etwa *sausage & mash*. Auch ein Nationalgericht ...

🍴 *Black Friars* · *174 Queen Victoria Street*

Nicht schon wieder öko

Ökomode klingt ja erst mal nach Strickpulli. *69B* in Hackney verkauft aber nichts Langweiliges: Kleider, Jacken, Taschen, Schuhe für Frauen von Designerlabels mit Ökoanspruch: Marimekko, Lanius, Beaumont Organic, Komodo. Gut zu verbinden mit dem Besuch des Broadway Market am Sonntag.

🛍 *69B* · *Broadway Market* · *69bboutique.com*

Oper unplugged

Ob Mozarts „Don Giovanni", Bizets „Carmen" oder Verdis „Un ballo in maschera" – auf Englisch, ohne ein ganzes Orchester, aber mit Klavierbegleitung singen gut ausgebildete Sänger vor 100 Gästen moderne Versionen klassischer Opern. Die Wohnzimmeratmosphäre im ältesten Pub-Theater der Stadt (seit 1970) ist perfekt. Für kleines Geld sitzt du hautnah am Geschehen, Mitwirken inklusive. Unbedingt vorbuchen!

🎭 *The King's Head* · *115 Upper Street* · *kingsheadtheatre.com*

Die Wachsoldaten gehören zu London wie das *chicken* zum *tikka masala*

1
Zutat

ist in jedem *chicken tikka masala* enthalten: Hühnchen. Alles andere nach Laune des Chefs.

680
Gramm

wiegt die Bärenfellmütze eines Wachsoldaten am Buckingham Palace.

300
Sprachen

sind in London vertreten.

91.000
Fahrgäste

benutzen täglich die meist-frequentierte U-Bahnstation Waterloo.

45.000
Pfund

soll ein Amerikaner im Sterne-Restaurant Tamarind für CTM (als Teil von acht Gängen) für seine Freunde ausgegeben haben.

164
Regentage

gibt es jährlich in London. Zum Vergleich: In Köln sind es 263.

Foodie-Playlist

Die komplette Spotify-Playlist findest du unter *MARCO POLO Foodie Songs* oder über den App-Scan oben

Eat It Weird Al Yankovic

Watermelon Sugar Harry Styles

Be our Guest Beauty and the Beast

Strawberry Fields Forever The Beatles

Ice Cream Man Blur

Currywurst Herbert Grönemeyer

American Pie Don McLean

The Ketchup Song Las Ketchup

Eisgekühlter Bomerlunder Die Toten Hosen

Aber bitte mit Sahne Udo Jürgens

Drei untrügliche Merkmale eines Wiener Schnitzels? Vom Kalb, locker paniert und nicht aus Italien stammend. Alles andere ist Schnitzel Wiener Art.

en

Wiens Leib- und Neidgericht

Wenn ein Gericht so fest verortet ist, dass Neider eine Geschichte erfinden, um seine Herkunft zu hinterfragen, dann hat diese Speise es wirklich geschafft. Genau das ist dem Wiener Schnitzel passiert. Der Name sei gut und schön, aber ursprünglich stamme das flache Kalbsschnitzel in Panade aus Italien. Feldmarschall Radetzky habe das Rezept Mitte des 19. Jahrhunderts mit über die Alpen gebracht. Das behauptete zumindest in den 1960er-Jahren ein italienischer Journalist. Die Beziehungen zwischen seiner Heimat und Österreich waren damals aufgrund der Debatte um die Zugehörigkeit Südtirols sehr angespannt. Mit dieser italienischen gegen die Wiener Legende anzutreten, schien dem Mann daher adäquat. Und nachhaltig: Über Kochbücher verbreiteten sich die Fake News weiter und wurden erst vor ein paar Jahren als bewusste Täuschung aufgedeckt.

Seitdem steht wieder felsenfest: Das Wiener Schnitzel stammt aus Wien. Diesen Namen tragen darf es nur, wenn es aus Kalbsfleisch, dünn geschnitten, leicht geklopft und luftig paniert ist. Wenn die Panade fest am Fleisch klebt oder das Fleisch vom Schwein stammt, ist es folgerichtig ...? Höchstens Schnitzel Wiener Art.

Auf Schnitzel-Jagd

Alte Liebe

1

Das von Schnitzelliebe bestimmte Traditionshaus liegt zentral unweit des Stephansdoms. Seit 1905 kennt man sich bei *Figlmüller* mit Wiener Hausmanns-kost aus – so gut und erfolgreich, dass ein eigener Shop mit „I love Schnitzel"-T-Shirts und -Armbändern eingerichtet wurde. „Die Heimat des Schnitzels" nennt der Laden sich selbst. Doch aufgepasst! Das typische Figlmül-ler-Schnitzel (Foto li.), das mit seinen mindestens 250 Gramm und der außer-gewöhnlichen Dünnheit im ganzen Land Bekanntheit genießt, ist aus Schweinefleisch. Wiener Schnitzel vom Kalb gibt's (und schmeckt!) aber auch.

Figlmüller · Wollzeile 5 · figlmueller.at

Sterne im Grünen

2

Als Milchtrinkhalle erbaut, als Club gereift, und heute einer der grünsten Orte, um ein Wiener Schnitzel als Bestandteil eines Sechs-Gang-Menüs zu speisen. Das ist die *Meierei im Stadtpark* (Foto re.), deren Chef Heinz Reitbauer zwei Michelin-Sterne sein Eigen und doch die Großmutter als größtes Vorbild in der Küche nennt. Hier kann man auf der Suche nach Schnitzelperfektion nur eins verkehrt machen: nicht zu reservieren.

Meierei im Stadtpark · Am Heumarkt 2a, im Stadtpark · steirereck.at/meierei

In zehn Schnitzeln um die Welt

3

Mailand. New York. Venedig. Und natürlich Wien! Die Karte versammelt internationale Schnitzelkultur und bietet für fünf Hungrige auch einen „tollen Schnitzelritt" zum Durchprobieren in 33 Teilportionen an. Für so viel Schnitzelkompetenz lohnt sich der Ausflug in den Südwesten nach Simmering. Genauso wie für den urigen Gastraum der ehemaligen Hofsteinmetzerei aus dem 19. Jahrhundert – abends wird dieser nur von Kerzenlicht erhellt. Und erst der lauschige Biergarten ... Nur die direkte Nachbarschaft zum Zentralfriedhof ist erst mal irritierend. Das Morbide gehört halt auch zu Wien.

Concordia Schlössl · Simmeringer Hauptstraße 283 · concordia-schloessl.at

Do it yourself

5

Das größte Problem nach einer Wienreise: Was tun gegen die frisch entfachte Schnitzelsucht? Das Restaurant *Meissl & Schadn* weiß Abhilfe: Nach Voranmeldung kannst du hier einen Wiener-Schnitzel-Kochkurs (39 Euro) absolvieren. Zwei Stunden wird geklopft und paniert, damit die Kopie zu Hause perfekt gelingt. Wer auf Nachtisch steht, bucht dazu das Apfelstrudel-Seminar (29 Euro).

Schnitzel-Kochkurse im Meissl & Schadn · Schubertring 10-12 · meisslundschadn.at

Fleischfrei

4

Die Ökowelle macht vor gar nichts Halt, auch nicht vor Wiener Traditionsspeisen. Statt Kalb steckt bei den veganen Schnellessen-Spezialisten Soja unter der Semmelbröselfassade. Rein optisch macht das jedoch keinen Unterschied, wenn dieses neben deftigem Kartoffelsalat über den Tellerrand hängt. Und geschmacklich? Passt's auch!

Loving Hut · Neubaugürtel 38 · lovinghut.at

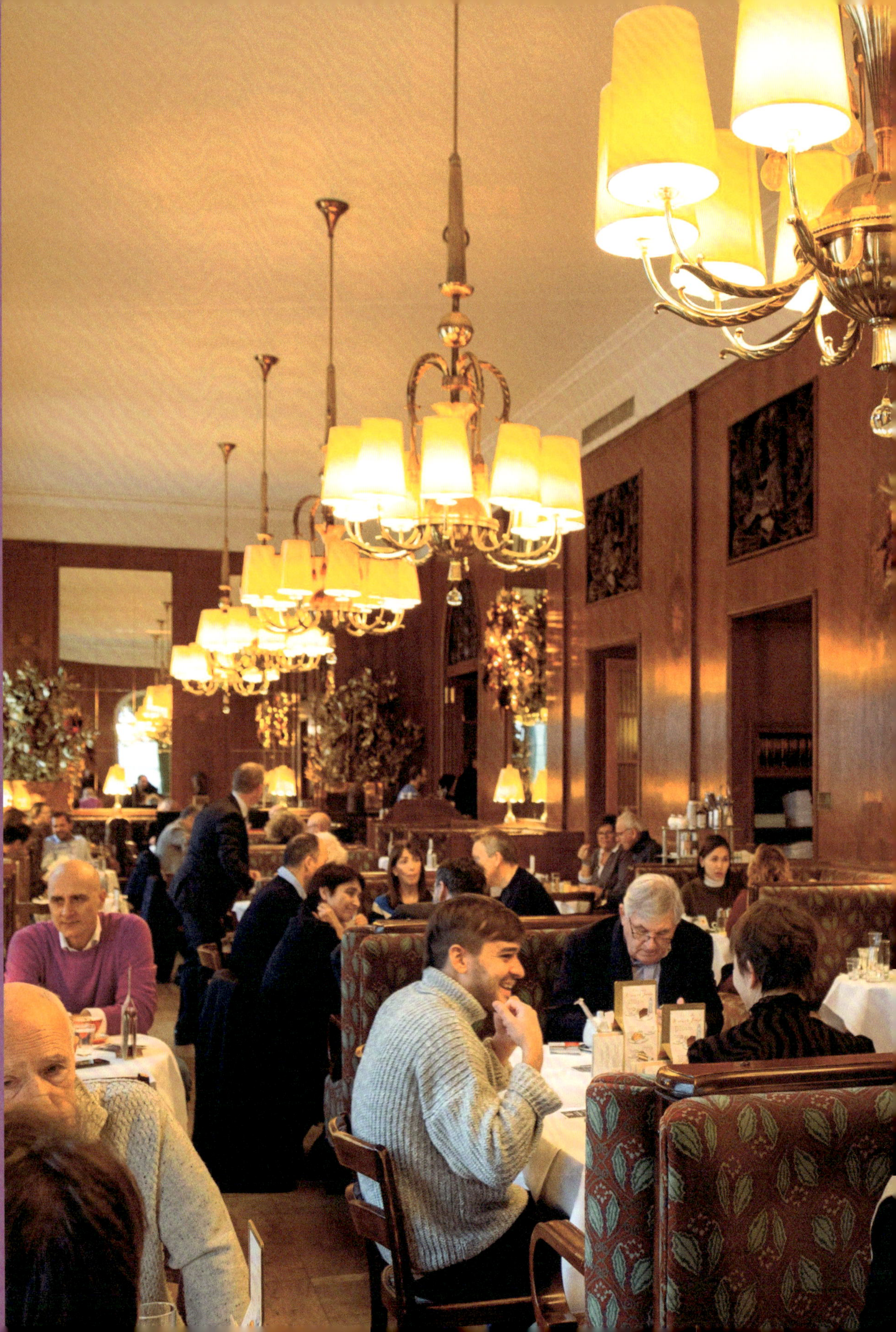

Ein bisschen rustikal muss sein: Café Landtmann

Wenn du schon mal da bist ...

Bloß nicht „Kaffee" sagen

Die Kaffeehäuser gehören zu Wien wie Pubs zu London oder Bistros zu Paris: Die vielen hundert über die ganze Stadt verteilten „öffentlichen Wohnzimmer" sind Inbegriff einer Wiener Alltagskultur. Die spürst du eindrücklich z. B. im mondänen *Landtmann* – ein großes, klassisches, freilich auch teures Ringstraßencafé. Volksnäher geht es im *Sperl* zu. Ganz wichtig aber, egal wo: niemals „Kaffee" bestellen, sondern einen kleinen Schwarzen oder eine Schale Gold oder ...

🍴 *Landtmann · Universitätsring 4 · landtmann.at*
🍴 *Sperl · Gumpendorfer Str. 11 · cafesperl.at*

Europaweit einzigartig bietet das unterhaltsame Fälschermuseum Kurioses rund um die kriminellen Seiten von Malerei und Kunsthandel: Über 60 Fälschungen und ==Kopien von Werken großer Meister, da kommt man ins Grübeln – die sehen verdammt echt aus!==

INSIDER-TIPP Alles nur geklaut

📷 *Fälschermuseum · Löwengasse 28 · faelschermuseum.com*

Vintage aus dem Automaten

Im *Polyklamott* gibt es bestens erhaltene Vintagemode und Kaschmirpullover für wenig Geld. Sonnenbrille oder Handschuhe verloren? Der Vintage-Verkaufsautomat vor dem Geschäft hilft rund um die Uhr. Nimm fünf Ein-Euro-Stücke mit!

🛍 *Polyklamott · Mollardgasse 13 · polyklamott.at*

Erobere die Donauinsel

Fahrrad mieten und Picknickkorb packen! Du wirst den 21 km langen Grünstreifen lieben. Die *Donauinsel* ist eins der beliebtesten Naherholungsgebiete der Wiener – nicht zuletzt, weil hier gratis gegrillt, gesportet und (nackt) geschwommen wird. Im Sommer lockt zudem das Donauinselfest mit Musik, Show und Kabarett – auch gratis.

🚵 *Donaustadt*

In die Gruft

Unter der *Kapuzinerkirche* wurden seit 1632 sämtliche habsburgischen Herrscher und ihre nächsten Angehörigen bestattet. Allerdings nicht komplett, denn ihre Herzen ruhen in der Augustinerkirche und ihre Eingeweide in den Katakomben von St. Stephan. Von den 138 Metallsärgen ist der Doppelsarkophag für Maria Theresia und ihren Gemahl der prächtigste. Leichen schauen gehen klingt makaber? Vielleicht, aber wir sind in Wien ...

📷 *Kapuzinergruft · Neuer Markt 2 · kapuziner.at*

Anständig bleiben

Hier zeigt sich, wer Anstand hat – es ist nämlich der Gast, der den Preis für die täglich wechselnden indisch-pakistanischen Eintöpfe bestimmt. Aber nicht zu kräftig zulangen, denn es muss Platz bleiben für die herrliche Nachspeise Suji Halwa.

🍴 *Der Wiener Deewan · Liechtensteinstr. 10 · deewan.at*

Schokolade für Mutige

Alles bio, regional oder Fairtrade – ob Weine und Liköre, Honig, Kaffee und natürlich: Schokolade. Der steirische Schokoladenhersteller *Zotter* verspricht skurrile Geschmacksrichtungen: Fischgummi oder doch lieber Brennholz-Hackschnitzel?

🛍 *Schoko Company · Naschmarkt 326–331*

In der Unterwelt

Auf den Spuren von Orson Welles geht es in die Kanalisation, wo 1948 „Der Dritte Mann" gedreht wurde. Wer sich oberirdisch wohler fühlt, besucht das Museum (Foto) mit über 2300 Originalstücken aus dem Kinoklassiker sowie Hintergrundinfos über das Nachkriegswien. Du kennst den Film noch nicht? Das Burgkino am Opernring zeigt ihn dienstags, freitags und sonntags im englischen Original.
📷 *Dritte-Mann-Museum · Pressgasse 25 · 3mpc.net · dritte manntour.at*

Eine Runde Riesenrad

Die mächtige Stahlkonstruktion im Prater gilt neben „Steffl" (dem Stephansdom) und Schloss Schönbrunn als Wahrzeichen Wiens schlechthin. Eine Runde in einem der knallroten Waggons zu drehen ist ein großer Spaß, speziell im Frühling, wenn zu deinen Füßen im Prater „wieder die Bäume blüh'n".
📷 *Riesenrad auf dem Prater · wienerriesenrad.com*

Kunsttoilette

Das *Hundertwasserhaus* widersetzt sich allen Regeln der Symmetrie und Rechtwinkeligkeit. Auf den Dächern und Balkonen wachsen Büsche und Bäume, die Fassaden sind kunterbunt bemalt. Aus Rücksicht auf die Bewohner ist das Haus meist nur von außen zu besichtigen, zugänglich ist aber Hundertwassers Toilet of Modern Art.
📷 *Hundertwasserhaus · Kegelgasse 34–38/Löwengasse · Toilet · Einkaufspassage Kalke Village · Kegelgasse 37–39*

Kino mit Klavier

Mit Dokus, Arthouse und österreichischen Klassikern gegen den Mainstream – die *Breitenseer Lichtspiele*, betrieben von der Rentnerin Anna Nitsch-Fitz, sind ein echtes Juwel. Seit 1905 flimmern Filme über die Leinwand. Darauf sind die BSL zu Recht stolz. Damit das so bleibt, kauf dir eine Karte für ein garantiert besonderes Erlebnis: einen Stummfilm mit Live-Klavierbegleitung.
📽 *Breitenseer Lichtspiele · Breitenseer Str. 21 · bsl-wien.at*

Unter Flattermännern

Was damals für den Kaiser gebaut wurde, ist heute gerade gut genug fürs Volk. Im *Burggarten* steht mit dem Palmenhaus eins der schönsten Jugendstilglashäuser. Untergebracht ist dort außerdem ein Café, und im Glashaus daneben flattern bis zu 500 frei lebende Schmetterlinge.
📷 *Burggarten · Burgring/ Opernring*

Oper im Freien

In der *Wiener Staatsoper* standen so gut wie alle großen Opernsängerinnen und -sänger der Welt auf der Bühne und Stardirigenten am Pult. Nach wie vor wird vom 1. September bis zum 30. Juni fast täglich ein anderes Werk gegeben. Hausorchester sind die Wiener Philharmoniker. Karten kosten zwischen 3 Euro (Stehplätze) und 287 Euro. Um stundenlanges Schlangestehen zu vermeiden, sollte man vorab Karten online bestellen. Tickets im Vorverkauf sowie Restkarten erhältst du in der Kassenhalle der Bundestheater in der Operngasse 2. Im April, Mai, Juni und September, aber nicht während der Sommerpause, werden an der Ostseite des Operngebäudes Aufführungen live auf Großleinwand übertragen. Gratis!
📽 *Staatsoper · Opernring 2 · staatsoper.at*

Der Tod ...

... das muss ein Wiener sein, heißt es. Und der rechte Ort, das zu erkennen, ist der *Zentralfriedhof*. Über 3 Mio. Menschen haben dort seit der Eröffnung 1874 ihre letzte Ruhe gefunden. Besonders interessant sind die Ehrengräber für Geistesgrößen, Politiker und Künstler – von Ludwig van Beethoven über Bruno Kreisky bis Udo Jürgens. Aufschlussreiche Einblicke in das recht spezielle Verhältnis der Wiener zum Tod vermittelt das Bestattungsmuseum unter der Aufbahrungshalle 2.
📷 *Zentralfriedhof · Simmeringer Hauptstr. 232–244*

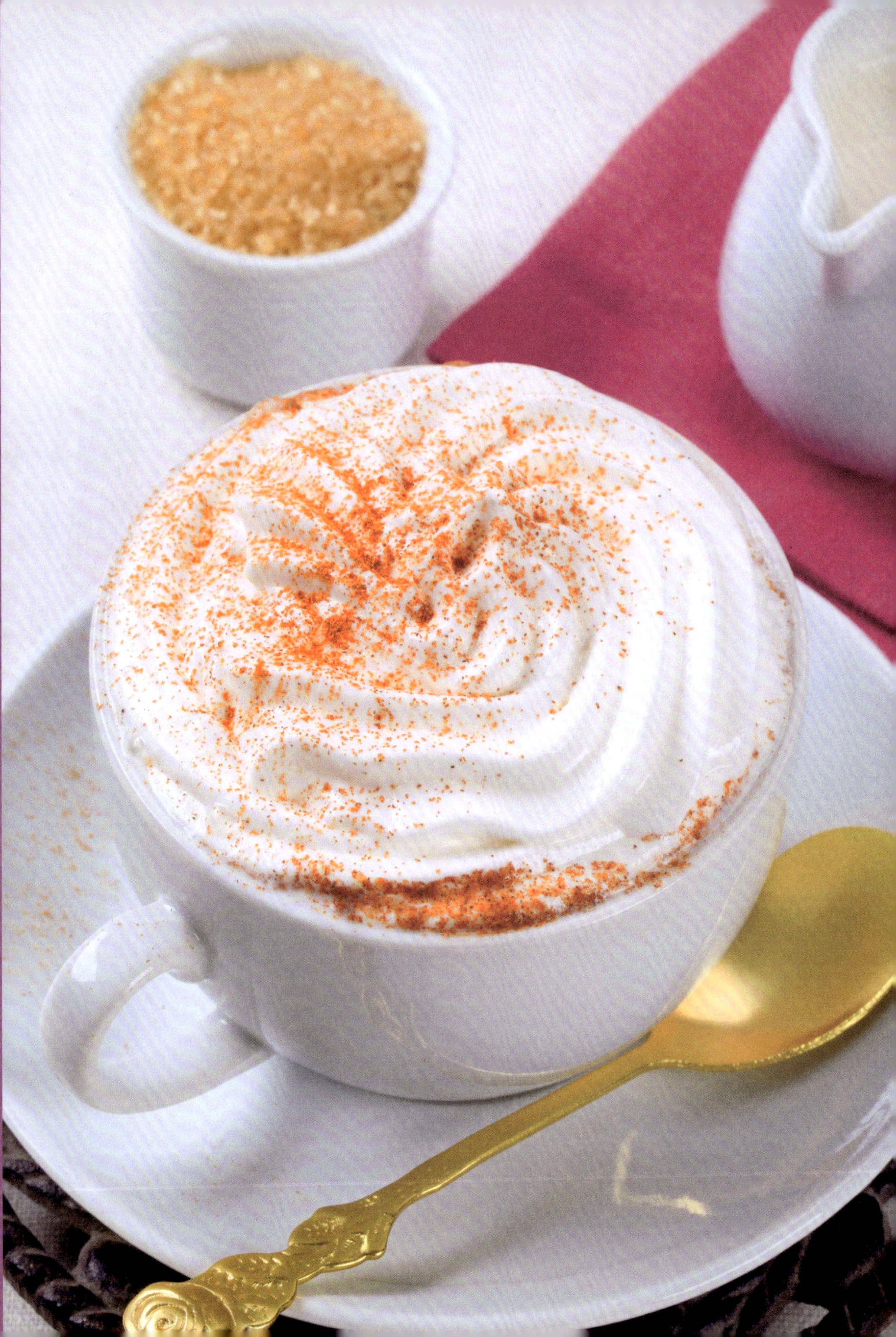

24 Stockwerke

hat das HoHo Wien,
das höchste Holzhaus
der Welt.

40 Sorten

listet Wikipedia auf,
wenn man „Wiener Kaffee-
spezialitäten" nachschlägt.

255 Sekunden

So lange braucht das Riesenrad
im Prater für eine Umdrehung.

180 Tanzpaare

eröffnen den Wiener Opernball.

307 Räume

hatte Schloss Schönbrunn
zu Zeiten von Kaiser
Franz Joseph.

5–7 Millimeter

Dicker sollte das Fleisch
beim Wiener Schnitzel
nicht sein.

Pek

Maultaschen und Tortellini können einpacken. Kein Land blickt auf eine so lange Nudel-Füll-Tradition zurück wie China.

ing

天 津

饺

狗不理包子

Beijings Teigtasche für alle Fälle

Von der Garküche bis zum Sterne-Restaurant, ohne *jiaozi* im Angebot kann ein Beijinger Gastronom direkt wieder zumachen. Lange vor ihren internationalen Freunden wie *wan tan*, *empanada* oder *pelmeni* wurde die gefüllte Teigtasche in Nordchina erfunden. Diese Tradition verpflichtet.

Über 2000 Jahre soll das Gericht alt sein – ausreichend Zeit, um viele Legenden darum zu stricken. Vielleicht wollte ein Arzt Kräuter als Heilmittel gegen Frostbeulen in Teig verpacken, wodurch sie leicht zuzubereiten waren. Auf Chinesisch heißt empfindliche Ohren nämlich *jiaoer*, was fast wie *jiaozi* klingt. Vielleicht spielt aber auch die Form der Nudel sowie Verwandtschaft zum chinesischen Begriff für Horn eine Rolle. Oder es war der Name einer Währung während der Ming-Dynastie entscheidend. Bis heute verspricht der *jiaozi*-Verzehr Chinesen Wohlstand. Letzteres erklärt, warum die Teigtaschen zum Chinesischen Neujahrsfest auf den Tisch gehören. Andererseits ist es ebenso üblich, sie zu jedem anderen Festtag – und allen Tagen dazwischen – zu verspeisen. Und zwar gekocht, gebraten oder gedämpft, herzhaft oder süß gefüllt, als Beilage oder Hauptmahlzeit, und das morgens, mittags, abends. Keine Zeit für *jiaozi?* Nie.

Füllhorn der Füllungen

Kunterbunt

1

Michelin verteilt nicht nur Sterne, sondern schätzt auch gute Qualität zum fairen Preis. Restaurants der Kategorie erhalten das Prädikat Bib Gourmand, und *Baoyuan Dumplings* hat es sich verdient. Dabei sind die *jiaozi* in dem wuseligen wie bodenständigen Restaurant nicht nur lecker, sondern auch bunt. Mithilfe von Möhren, Spinat oder Blaubeeren werden sie auf natürliche Weise, geschmacklich zur Füllung passend eingefärbt. Die Auswahl ist riesig. An Vegetarier wird in Form von Varianten mit Räuchertofu, Sellerie oder Pilzen gedacht.

Baoyuan Dumplings · Maizidian Jie 6

Familiär

2

Keine Sorge: Die *Black Sesame Kitchen* ist zwar auch Kochschule, doch wer hier zum Essen einkehrt, bekommt höchste *jiaozi*-Kunst auf den Teller, nicht die Versuche von Hobbyköchen. Gründerin Jen Lin-Liu legt auf gutes Essen ebenso wert wie auf Gemeinschaft und Stil: Familiärer als im schönen Innenhof oder an der langen Tafel im kleinen Gastraum isst man in Beijing selten. Eine Reservierung ist erforderlich. Zum Lunch werden sechs, abends zehn Gänge (natürlich nicht nur Teigtaschen) serviert.

Black Sesame Kitchen · Zhonglao Hutong 28
blacksesamekitchen.com

Typisch

3

Ein aus Sicht von Pekingern authentisches *jiaozi*-Erlebnis braucht keine Tischdecken oder Wanddekoration. Eine simple Garküche mit fünf kleinen Tischen reicht. Diese hat sich in einer schmalen Gasse eines alten Hutong-Viertels unweit der Verbotenen Stadt versteckt. Das freundliche Betreiber-Ehepaar bietet üppige Portionen gekochter Teigtaschen zum kleinen Preis an. Um die Sprachbarriere bei der Füllungsauswahl musst du dich nicht sorgen – ein Notizbuch mit handschriftlichen Übersetzungen ins Englische liegt bereit.

„Nichts ist leckerer als jiaozi, keine Position ist bequemer als Liegen."

Chinesisches Sprichwort

Duofu Dumplings · Duofuxiang Hutong 36

Wenn du schon mal da bist ...

Kneipentour

Wer abends noch Energie hat oder den Tag bei einem Bier oder Cocktail ausklingen lassen möchte, muss nicht im Hotel bleiben. Also los! Erstes Ziel ist die *Houhai*-Gegend rund um die Marmorbrücke Yinding Qiao. Die Szene erstreckt sich in den alten Gassen und an den Uferpromenaden bis zum Trommelturm und zum Nordende des Houhai. Snacks und Getränke schmecken doppelt gut mit dem Blick aufs Wasser oder von Dachterrassen über alte Dächer.
Houhai · U-Bahn 6 Beihai North, U-Bahn 8 Shichahai

Hilfe von ganz oben

Pekings einziges vollständig erhaltenes daoistisches Tempelkloster, das *Kloster der weißen Wolken*, ist ein gepflegter Ort lebendiger Religiosität. Durch schattige Höfe schreitest du von Halle zu Halle und betrachtest die Mönche, die in ihrer typischen, schlichten Tracht vom Wadenwickel bis zum hochgesteckten Haarknoten aussehen wie alten Bildern entsprungen. Das Kloster wurde unter Dschingis Khan im Jahr 1227 gegründet. Wer hier dem Gott seines Geburtsjahrs opfert, darf erwarten, dass fortan alles nach Plan läuft. Das ist doch einen Versuch wert ...
Kloster der weißen Wolken/ Baiyun Guan · Baiyunguan Jie 6

7 Etagen Sammelsurium

Was als Budensammlung begann, ist heute eine Art Kaufhaus – allerdings noch mit lauter kleinen Einzelhändlern: sieben Etagen mit Schmuck, Glas, Elektronik, Bürobedarf, Kleidung, Kaschmirpullovern, Seidenschals, Schuhen, Hüten und vieles mehr. Du kannst Kleidungsstücke umarbeiten lassen; im Keller versuchen ein paar Reparateure, defekte Mobiltelefone wieder zum Leben zu erwecken.
Xiushui-Markt · Jianguomenwai Dajie/Ecke Dongdaqiao Lu

Käse zum Schlürfen

Ein Update der traditionellen Teekultur bieten die Filialen der hippen Marke *Hey Tea*. Traditionelle Sorten werden mit Zutaten wie Boba-Perlen und frischen Früchten gemixt. Highlight ist der Tee mit leicht salzigem Käseschaum (Foto re.) – klingt schrecklich, schmeckt aber überraschend gut.
Hey Tea · im Einkaufszentrum Taikoo Li in Sanlitun

Die „Verbotene Stadt" *steht natürlich auf dem Programm. Hier kannst du ohne Weiteres zwei Tage verbringen. Zur Einstimmung vielleicht eine Kaiserliche Nachtwanderung?*

INSIDER-TIPP
Nachts am Palast

==*Ohne Menschenmassen und gratis erlebst du die erhabene Einsamkeit des kaiserlichen Daseins bei einem Nachtspaziergang*== *entlang der malerischen Palastgräben.*
Haupttor am Platz des Himmlischen Friedens · en.dpm.org.cn

Brotzeit uigurisch

Die „Rinderstraße" mit der Niu-Jie-Moschee und die nähere Umgebung sind das *Moslemviertel* Pekings. Hier bekommt man Lammeintopf und als Nachtisch Baklava. Die mit Sesamöl im Steinofen gebackenen Nang-Fladenbrote der uigurischen Minderheit sind eine willkommene Abwechslung zu Nudeln, Reis und Dumplings.
Moslemviertel · U-Bahn 7 Guang'anmennei

Der König freut sich

Vegetarisches Restaurant mit Hofhausambiente: Die in Schwarzweiß gehaltenen Räume und Höfe im *King's Joy* verschmelzen mit den Speisen und dezenter Harfenmusik zu einem Gesamtkunstwerk für die Sinne. Und zu einem gesunden obendrein. Schließlich hat Wirt David Yin ein Diplom in Ernährungswissenschaften. Nur Barzahlung.

🍴 *King's Joy · Wudaoying Hutong 2, Eingang Yonghegong Dajie*

Drachen und Arien

Nahe dem Himmelsaltar-Park nördlich und südlich des Stadttors *Yongding Men,* des alten Haupttors der Pekinger Stadtmauer, treffen sich abends Musikfreunde zum Chorsingen, es wird getanzt und je nach Wind und Wetter schweben manchmal bis zu einem Dutzend bunte Leuchtdrachen durch die Dunkelheit.

🚀 *Yongding Men · Beijing South Railway Station*

Wie zu Kaisers Zeiten

Hier ist Peking am schönsten. Das Wasser macht's: Der Beihai-Park mit dem Nordsee und die Hinteren Seen, Pekingern als *Shichahai* bekannt, sind perfekt für ausgedehnte Spaziergänge. Die Gassen- und Hofhausviertel verwandeln sich derzeit in die bevorzugte Wohngegend zurück, die sie zu Kaisers Zeiten schon einmal waren. Sie sagen mehr aus über das Leben im alten Peking als der Kaiserpalast.

📷 *Shichahai · U-Bahn 8 Shichahai*

Picknick im Grünen

Noch 'n Palast? Aber nein: Der *Sommerpalast* ist vor allem ein großartiger Park, angelegt nach allen Raffinessen klassisch-chinesischer Gartenkunst. Du wanderst an Seen, Teichen und Kanälen entlang, rastest in Pavillons, picknickst auf dem Rasen oder mietest dir ein Bötchen. Der stimmungsvollste Teil ist der Garten des inneren Einklangs und des äußeren Wohlgefallens. Wer sich hier an einem Sommertag in den luftigen Teepavillon setzt und auf den Lotosteich hinausträumt, erlebt die klassische chinesische Lebensart.

🚀 *Sommerpalast (Yihe Yuan) · summerpalace-china.com*

Stramm stehen

Jahrelang ließen die Pekinger auf dem *Tian'anmen* Drachen steigen, aber das ist nun verboten. Komm stattdessen zum Sonnenaufgang her, um die im Stechschritt marschierenden Soldaten beim Flaggehissen zu erleben: pünktlich auf die Sekunde!

📷 *Tian'anmen · U-Bahn 2 Qianmen / U-Bahn 1 Tian'anmen East, Tian'anmen West*

Chinas Bier

Eine Keimzelle für Pekings Bierkultur! Abseits des Houhai- und Nanluogu-Xiang-Trubels, aber nur zehn Gehminuten entfernt, überrascht die Mikrobrauerei im Wohnhofambiente (viele Fässer!) mit ihren Bierkreationen (Foto li.). Die Hausmarke China Craft Beer kommt in vier unterschiedlichen, chinesisch designten Dosen – ein exzellentes Souvenir für zu Hause.

🍴 *Great Leap Brewing · Doujiao Hutong 6, über Jingyang Hutong bzw. Fangzhuanchang Hutong · greatleapbrewing.com*

Wild, wilder …

Der vielleicht wildeste Rockclub Chinas ist aufgeteilt in eine Dive-Bar und einen Konzertraum, aus dem immer mal wieder Querschläger des drinnen tobenden Pogo-Tumults donnern. Ansonsten regiert authentische Punk- und Hardcore-Musik der lokalen Szene.

🎷 *School Bar · Wudaoying Hutong 53 · U-Bahn 2 u. 5 Lama Temple*

Müde …

… vom Pflastertreten? Wieder auf die Beine kommst du in einem luxuriösen Wellnesstempel, der sich an den Verwöhn- und Schönheitskuren der kaiserlichen Hofdamen orientiert. Treatments wie das 90-minütige „Kaiserin Cixi Facial" oder eine 60-minütige Beine-Fuß-Behandlung am besten vorab auf der englischen Website buchen.

🧖 *Rosewood Beijing Spa · Jing Guang Centre 1 · rosewoodhotels.com*

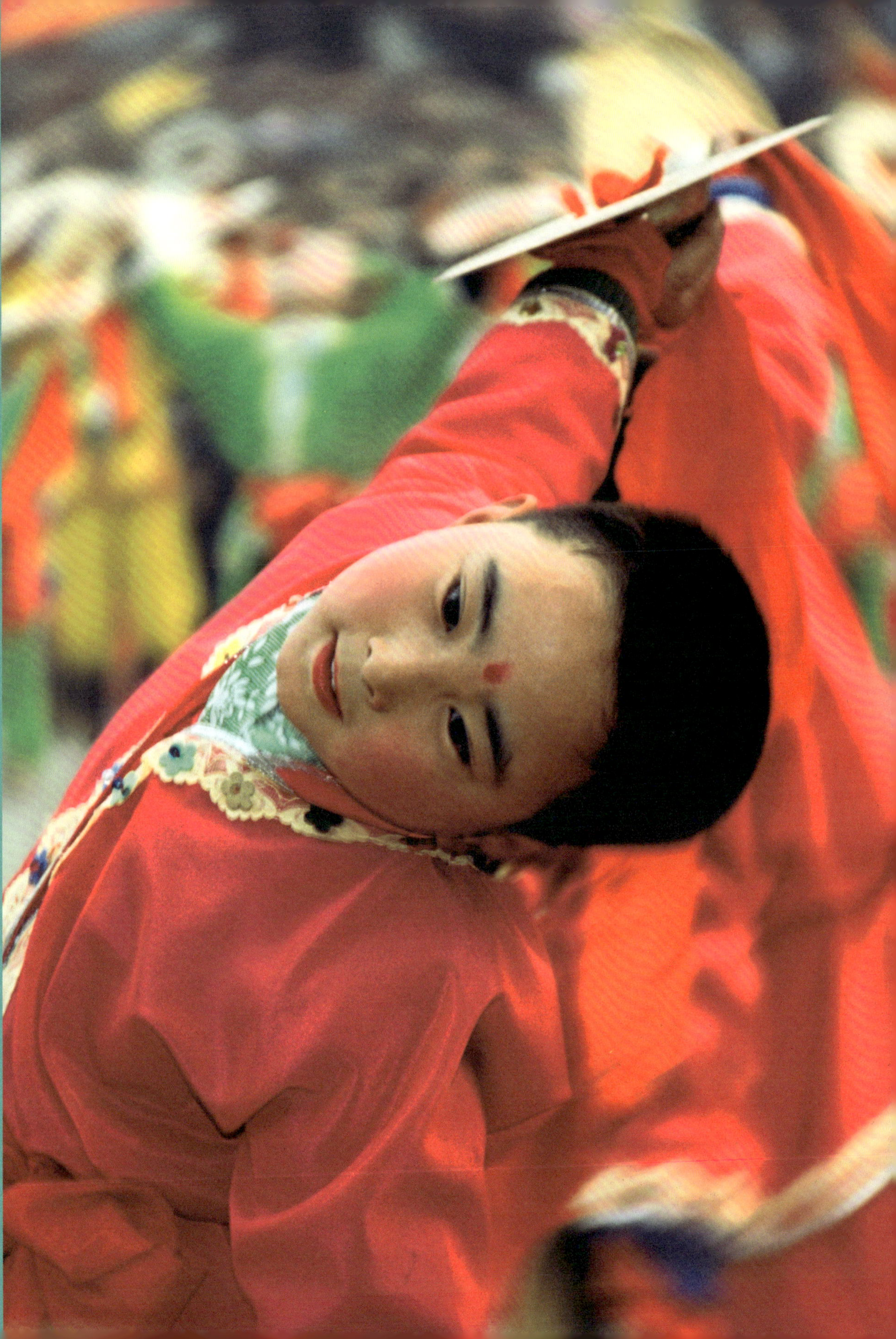

6,40 Meter

hoch und 5 Meter breit ist das Mao-Porträt am Platz des Himmlischen Friedens: das größte Herrscherbildnis weltweit.

11.000 Quadratmeter

groß war das weltweit größte Mosaik aus *jiaozi* – Werbung für eine Restaurantkette in Beijing.

36 Städte

unterhalten eine Partnerschaft mit Peking. Die älteste besteht seit 1980 mit New York.

1 Ring

wird zum Chinesischen Neujahr in einem *jiaozi* versteckt. Wer draufbeißt, hat Glück.

9999½ Räume

soll der Legende nach die Verbotene Stadt haben. Tatsächlich sind es 8886.

637 Kilometer

lang ist das U-Bahn-Netz und damit das zweit- längste der Welt nach Shanghai (705 km).

Ber

In Berlin läuft nicht alles rund. Rühmliche Ausnahme: der Döner. Ob mit oder ohne Zwiebeln, besser schmeckt Fleisch im Brot nirgendwo.

lin

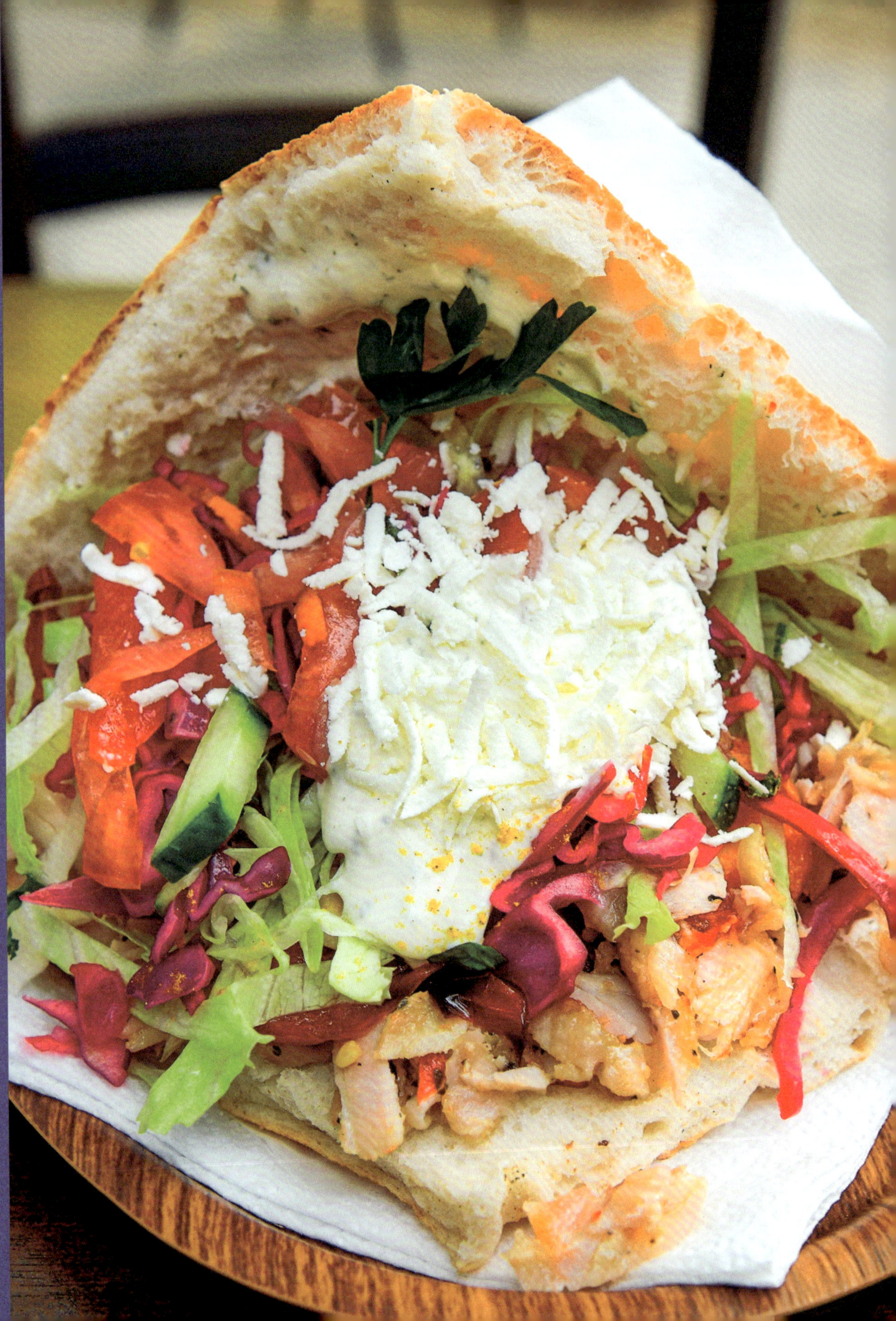

Ein Döner muss größer sein, als der Mund es erlaubt

Klappstulle türkischer Art

Mittlerweile geben sogar Berliner zu: Die Idee, Fleisch auf einen Spieß zu stecken und es um die eigene Achse drehend zu grillen, hatte man vor fast 200 Jahren in der Türkei. Doch das Gericht, das wir heute Döner nennen, wurde definitiv in Berlin erdacht. Kadir Nurman war es, der dem gestressten Großstädter mit wenig Zeit etwas auf die Hand und in den Magen geben wollte. Als er 1972 seinen Laden am Bahnhof Zoo eröffnete, landeten neben Fleisch nur Zwiebeln im Brot. Erst mit der Zeit kamen, ebenfalls Berliner Erfindung, Gurken, Tomaten, diverse Salatsorten, Gemüse und – ganz wichtig für die „Knoblauch, scharf, mit alles?"-Frage – verschiedene Saucen hinzu.

Wie sehr der Döner in der deutschen Kultur angekommen ist, zeigt auch seine Verortung im deutschen Lebensmittelrecht: Den Namen Döner darf der Fleischspieß nur mit Stolz tragen, wenn er vom Rind- bzw. Kalb oder Schaf- bzw. Lamm abstammt und höchstens zu 60 Prozent aus Hack besteht. Umgangssprachlich ist für den Berliner jedoch auch ein Gemüsedöner mit Hähnchenfleisch voll okay.

Wo die Berliner Spießer sind

Mit Haltung

1

Es war nur eine Frage der Zeit, bis der ernährungsbewusste Hipster von heute den Döner neu interpretiert. *Kebap with Attitude* heißt das durchgestylte Schnellrestaurant in Mitte, dessen Fleisch regional und nachhaltig ist, Saucen hausgemacht und Speisekarten klimaneutral gedruckt sind. Das kostet, und zwar mehr als doppelt so viel wie an jeder anderen Bude der Stadt (ab 8,50 Euro). Dafür stehen Varianten mit Mango-Cranberry-Chutney, wildem Spargel und geriebenem Trüffel sowie eine hübsche Auswahl an Mezze, kleinen Vorspeisen, zur Auswahl.

Kebap with Attitude · Gipsstraße · eatkwa.de

Mit ohne Fleisch

2

Tierfreund sein, ohne auf den Dönergenuss zu verzichten? Der *Vöner* macht's möglich, indem er eine Mischung aus Weizeneiweiß, Gemüse, Hülsenfrüchten, Sojaschrot und Gewürzen aufspießt und grillt. Das vegane Ergebnis wird mit viel frischem Salat wahlweise im Fladenbrot, gerollt als Dürüm oder für den großen Hunger als Vönerteller serviert. Womit bewiesen wäre, dass auch für Fast-Food-Fans ein veganes Leben möglich ist. Als weitere Belege dafür stehen „Wagenburger" mit Getreide-Gemüse-Bratling sowie Vischstäbchen auf dem Menü.

Vöner · Boxhagener Straße 56 · voener.de

Mit Obst

3

Marketing ist alles, das hat man bei *Wonder Waffel* früh erkannt. Daher vermarkten die Kreuzberger Naschkatzen ihre Zuckerträume nicht etwa als gefüllte Waffeln, sondern als Obstdöner. Und irgendwie ist was dran. Schließlich wird auch hier gerollt und gefüllt, wenn auch kein Brot mit Fleisch, sondern frische Waffeln mit Banane, Schokostückchen, Vanillecreme und Mandeln (nur zum Beispiel). Das schmeckt so gut, dass weitere Filialen etwa in der Mall of Berlin und in Neukölln (Neckarstraße 2) eröffnet haben.

Wonder Waffel · Adalbertstraße 88 · wonderwaffel.de

Mit gutem Gewissen

4

Wem nicht Wurst ist, woher sein Fleisch kommt, wird beim Prenzlauer Berger Vorzeigedöner ebenso glücklich, wie die Tiere es waren, bevor sie ihren Weg Richtung Magen nahmen. Das ist zwar etwas teurer, aber als ökologisch korrekter Bio-Kunde ist man das ja gewohnt. Damit alles seine Ordnung hat, wird der Spieß jeden Morgen vor Ort zusammengestellt. Der Tee dazu geht auf's Haus.

Döner Meraba Neuland · Greifswalder Straße 32 · meraba.de

Mit Schlange

5

Reichstag, Brandenburger Tor, *Mustafa's Gemüse Kebap:* Diese Imbissbude (Foto S. 122 re.) hat es bis zur Berliner Sehenswürdigkeit gebracht, und das mit Recht. Weil im Brot neben frisch gebratenem Gemüse Hähnchenfleisch landet, darf es (s. oben) nicht Döner, sondern muss Kebap heißen. Schmeckt aber dennoch super und ist die Warterei in der legendären Schlange definitiv wert. Doch Obacht! Mittlerweile gibt es bei Berliner Dönerbudenbetreibern den Trend, sich irgendwas mit „Gemüse" und „Mustafa" zu nennen. Das Original findet sich nur am Kreuzberger Mehringdamm.

Mustafa's Gemüse Kebap · Mehringdamm 32 · mustafas.de

Baden auf, aber nicht in der Spree – das Badeschiff macht's möglich

Wenn du schon mal da bist ...

Daniel Düsentriebs Werksverkauf

Krawattenbinder? Avocado-Pflanzhilfen? Kippsicheres Wasserglas? Irgendeine dieser Erfindungen wird sicher der nächste große Hit, und dank dieses Ladens kannst du unter den Ersten sein, die es besitzen. Kurioses, bevor es den Massenmarkt erreicht.
Erfinderladen · Lychener Str. 8 · erfinderladen-berlin.de

Auf Zockerzeitreise

Ganz recht, das ist tatsächlich ein Polyplay mit der DDR-Variante von Pacman. Und das Beste daran: Du darfst ihn bedienen! So wie viele andere Konsolen aus der Geschichte der digitalen Spielkultur von Pong bis Zelda.
Computerspielemuseum · Karl-Marx-Allee 93a · computerspielemuseum.de

Aufrecht in den Sonnenuntergang

Aus Hawaii stammen die Sportarten für die coolen Leute, so auch das Stand-up-Paddeln. Stolz und aufrecht steht man auf seinem Board und paddelt die Spree rauf und runter. Das trainiert Armmuskeln wie Selbstbewusstsein, denn ja, auch Coolsein kann albern aussehen. Macht aber Spaß.
Stand-up-Paddling am Badeschiff · Eichenstraße 4 standupclub.de

Und jetzt: shoppen!

Im charmanten 1950er-Ambiente des Kaufhauses *Bikini Berlin* (Foto) lässt sich der Tasche aus Berliner Designer-Händen kaum widerstehen. Hier tummeln sich hippe Läden, Pop-up-Stände und der Kantini-Foodcourt.
Bikini Berlin · Budapester Str. 38–50 · bikiniberlin.de

Abgrundtief

Starke Nerven und festes Schuhwerk – bei den Führungen des Vereins *Berliner Unterwelten* braucht man definitiv beides. Denn im vergessenen U-Bahn-Tunnel, in den sich die Berliner vor dem Atomkrieg flüchten sollten, kann einem zwischen Dosenfutter und Klappbetten schon mulmig werden. Auch die Bunker, die der Zweite Weltkrieg zurückgelassen hat, sind gruselig. Etwas friedlicher ist die Tour durch die Gewölbe der alten Kindl-Brauerei in Neukölln, zu der auch ein Grundkurs in deutscher Braukunst gehört.
Berliner Unterwelten · berliner-unterwelten.de

Gartentage

Die Idee, Gartenkunst aus China, Japan, dem Orient und Europa zu präsentieren, hatte man schon in den 1980er-Jahren in der DDR. 2017 kamen mit der Internationalen Gartenausstellung (IGA) ein Englischer Garten sowie eine Seilbahn hinzu. Diese verbindet die *Gärten der Welt* mit dem neuen Gartenreich um den Kienberg, wo du eine futuristische Aussichtsplattform besteigen kannst. Außerdem stehen auf dem Programm: Verlaufen im Irrgarten und sich von den Wasserspielen der Promenade Aquatica in meditative Gelassenheit plätschern lassen. Das Fernreise-Gefühl perfekt macht das nur 10 Euro günstige Erlebnis einer chinesischen Teezeremonie im Berghaus zum Osmanthussaft.
Gärten der Welt · Eisenacher Str. 99 · gaertenderwelt.de · china-teehaus.de · Anmeldung Teezeremonie: Tel. 0179 3 94 55 64

Mehr als nur Döner!

Doch, doch, die türkische Küche kann mehr, z.B. in Aubergine gewickelte Lammkeule, gefüllte Paprika mit Spinat sowie tolle Süßspeisen. Einmal Kazandibi bitte – das ist karamellisierter Milchreispudding: zum Reinlegen!
Baba Angora · Schlüterstr. 29 · babaangora.de

Hier geht's um die Wurst!

Um das mal klarzustellen: Nicht nur der Döner, auch die Currywurst (Foto li.) wurde in Berlin erfunden, und auf besonders legendäre muss man auch mal fünf Minuten warten. Doch das lohnt sich. Man kann sich ja derweil die Antwort auf die entscheidende Frage überlegen: Mit oder ohne (Darm)?

🍴 *Curry 36 · Mehringdamm 36, Filialen am Hardenbergplatz und im Hauptbahnhof · curry36.de*
🍴 *Konnopke · Schönhauser Allee 44 b · konnopke-imbiss.de*

Und jetzt Nachtisch!

Wer braucht Cronuts, wenn er Spluffins haben kann? Hier trifft die Berliner Croissant-Variante Splitterbrötchen auf den uramerikanischen Muffin. Die Auswahl ist riesig, süß wie herzhaft, und reicht von Mohn-Vanille über Chili-Zupfkuchen bis Curry-Süßkartoffel-Rübchen.

🍴 *Spluffin · Revaler Str. 12 · spluffin.de*

Auf Rollen rocken

Im Kreuzberger Club-Klassiker *SO 36* spielten Die Ärzte schon, als sie jenseits der Mauerstadt noch keiner kannte. 1980er-Fans mit Rollschuh-Sehnsucht sollten die Rollerskate-Disko nicht verpassen, die jeden dritten Montag im Monat um 20.30 Uhr mit einem Tanzkurs auf Rollen beginnt.

🏠 *SO 36 · Oranienstr. 190 · Programm unter so36.de*

Grenzwertig

Tränenpalast – ihren Namen verdankt die Halle vor dem S-Bahnhof Friedrichstraße den vielen Tränen, die am einstigen Grenzübergang von den Zurückbleibenden vergossen wurden. Heute erinnert eine Ausstellung an die Schikanen, welche die DDR für alle bereithielt, die die Grenze passieren durften. Und in der Passkontroll-Kabine wird es dann richtig beklemmend.

📷 *Reichstagufer 17 beim Bahnhof Friedrichstraße*

Mal groß rauskommen

Fester Bestandteil eines Berliner Sonntags: zwischen alten Löffeln, antiken Möbeln und Siebdrucktaschen junger Designer bummeln und dazu einen türkischen Gemüsefladen und frischen Orangensaft verspeisen. Danach geht's in den Park, wo ab 15 Uhr in großer Runde Karaoke gesungen wird und an jedem Baum ein anderer Musiker vorspielt.

🚀 *Karaoke am Mauerpark · Eberswalder Str. · mauerpark.info*

Popkultur ...

... ist auch Kultur. Und die Schrankwand von Joey Ramone daher ein bedeutendes Artefakt. Sie ist nur ein Kuriosum der liebevollen Fansammlung in den Hinterzimmern einer Bar, die der Ramones als den Begründern des Punk gedenkt. Wer einmal zahlt, erhält einen kleinen Fan-Button und damit lebenslangen Museumszutritt.

📷 *Ramones Museum · Oberbaumstr. 5 · ramonesmuseum.com*

Hochkultur ganz leicht

Deutsche, Komische, Staatsoper und dann noch eine in Neukölln? Ganz recht, Berlin hat nämlich vier Opern! In Neukölln wird allerdings nicht 250 Jahre Altes vorwiegend extrem hoch gesungen, sondern echter Alltag als Musiktheater inszeniert. Viel lustiger als die typische Hochkultur!

🏠 *Neuköllner Oper · Karl-Marx-Str. 131–133 · neukoellneroper.de*

Früher Schultheiss-Brauerei, heute Kulturzentrum mit Kinos, Clubs, Streetfoodmarkt. ==Wie es sich im Zelt auf dem Trabidach schlief, man mit Rotkäppchen-Sekt feierte,== *erfährst du in der Ausstellung zum Alltag in der DDR.*

INSIDER-TIPP
Ostalgiealarm!

📷 *Kulturbrauerei · Eingänge: Knaackstr. 97/Sredzkistr. 1/ Schönhauser Allee 36 · kulturbrauerei.de*

Shopaholics beglückt Berlin mit großen Malls und kleinen Läden

44 Kilometer

lang war die innerstädtische Mauer.

104.757 Hunde

... gibt es in Berlin, und das sind nur die angemeldeten.

1600 Dönerbuden

verkaufen ca. 400.000 Döner am Tag.

1 Witzflughafen

Darüber kursierende Witze: unzählige.

18 Unternehmen

sind in Berlin auf Döner-spießproduktion speziali-siert. Sie exportieren nach ganz Europa – und in die Türkei.

21 Mal

zwischen Nord- und Südpol hin und her – das entspricht der täglich von Bus, U-Bahn und Tram gefahrenen Strecke.

„Restaura
meine M
denn Ko
Kunst."

G. Nießer

nts sind
iseen,
hen ist

Wars

Fleischverzicht ist in, und Warschauer mögen's trendy. Macht zusammengenommen eine der veganerfreundlichsten Städte der Welt.

chau

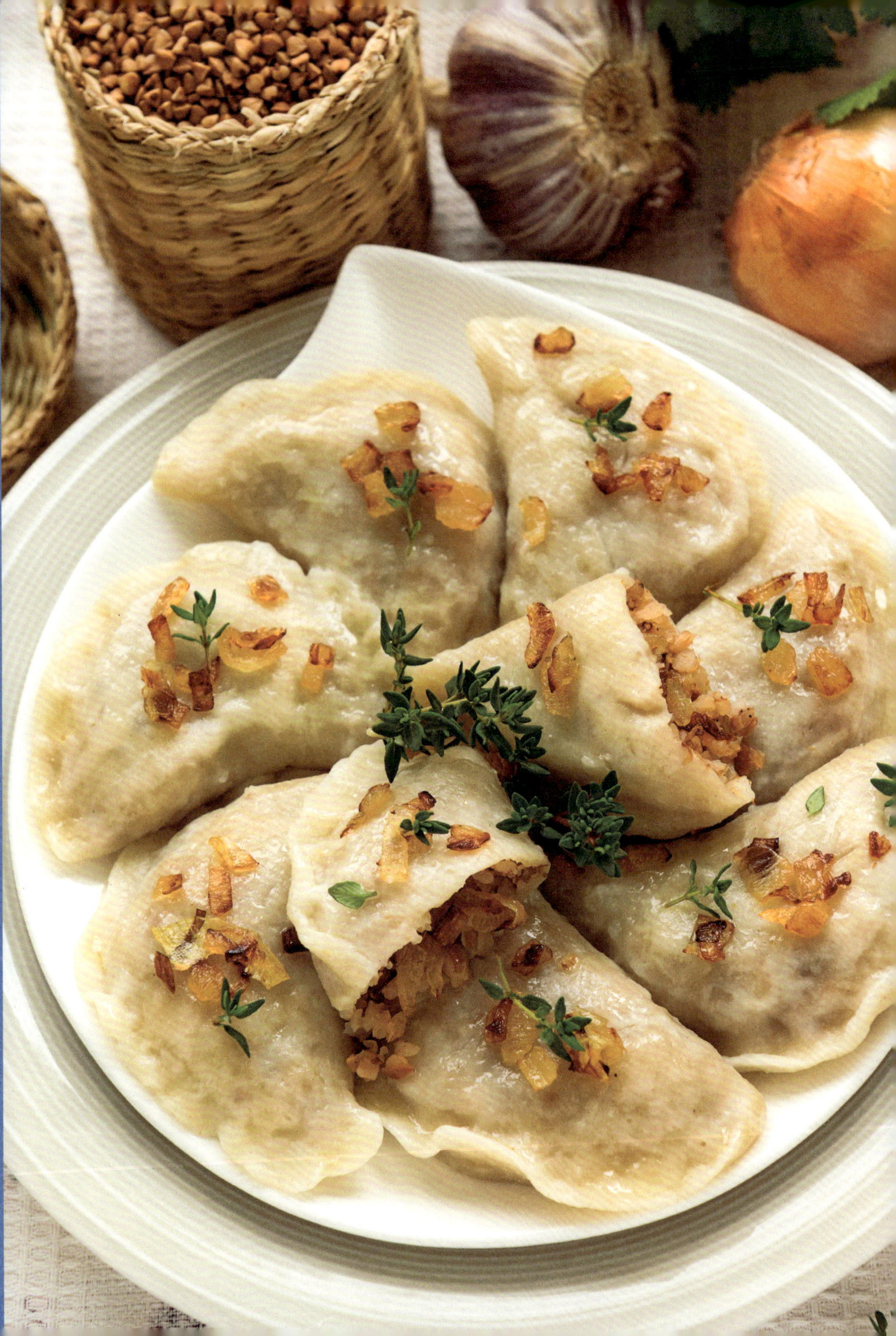

Polnischer Klassiker: *pierogi* – geht auch vegan

Fleischlos in Warschau

Bigos ist Kohleintopf mit Rind, Wild und Schwein. Die Teigtaschen *pierogi* werden mit Hackfleisch gefüllt. Und eine gute *zurek*, also Mehlsuppe, ist ohne Wursteinlage wenig wert. Die traditionelle polnische Küche besteht aus und auf Fleisch. Doch Warschauer sind eher der Zukunft zugewandt. Klammheimlich haben sie die Hauptstadt ihres Landes zu einer des Veganismus gemacht. In den vergangenen Jahren ist das Angebot fleischfreier Restaurants und pflanzenbasierter Würstchen im Supermarkt explodiert. Für das Online-Portal Happy Cow, eine Institution für Gastronomie ohne Tier, ist die Stadt eine der veganerfreundlichsten weltweit.

Für manch einen ist das auch ein politisches Statement. Schließlich warnte der konservative Außenminister Witold Waszczykowski vor ein paar Jahren vor einer „Welt aus Radfahrern und Vegetariern". Deren Lebensstil sei mit polnischen Werten wie der Religion nicht vereinbar. Für andere ist es einfach Teil eines gesunden Lifestyles. Warschaus Gastronomen haben derweil erkannt, dass Tradition und Trend durchaus zusammengehen. *Pierogi* mit Sauerkraut und Pilzen sind möglich! Im Nationalgericht, der Rote-Bete-Suppe *barszcz*, hatte Fleisch ohnehin noch nie etwas verloren.

Ran an die Buletten

Erstbester

1

Wenn ein veganer Burgerladen im direkten Vergleich mit seinen fleisch-verarbeitenden Konkurrenten wieder-holt zum besten der Stadt gekürt wird, muss selbst der größte Freund tierischer Produkte anerkennen: Die bei *Krowar-zywa* können was! Seit 2013 beweisen die beiden Freunde Krzysztof and Hubert, wie phänomenal vegane Burger mit Vollkornbrötchen und frischen Zutaten schmecken können. Geräu-cherte Tofuscheiben? Kürbis-Pattie mit Sonnenblumenkernen? Vegane Pastra-mi? Die Entscheidung fällt schwer. Damit niemand sagt, Veganismus sei Verzicht, sind die Portionen selbst für hungrige Hünen groß genug. In den Ge-nuss kommt man in Warschau in mittlerweile fünf Filialen. In weitere polnische Städte wurde expandiert.

Krowarzywa · Hoża 29/31 · krowarzywa.pl

Fix und famos

2

Gesund. Schnell. Günstig. Ach ja: lecker darf es auch sein. Und ohne Tierbe-standteil natürlich. Das fasst den Gründungsmythos des *Mango Vegan Street Food* (Foto re.) zusammen. Die Klassiker des orientalisch angehauch-ten Ladens mit seinen bunten Fliesen und den lustigen Korbgeflechtlampen sind Falafel. Die gibt es in der Pitata-sche mit Mango, Kimchi oder Avocado oder auf dem Teller in Kombi mit Hummus oder *shakshuka*. Auch an Burgerfans und Freunde der türkischen Pizza ist gedacht. Insgesamt drei Filialen gibt es in der Stadt.

Mango Vegan Street Food · Ulica Żelazna 58/62 · mangovegan.com.pl

Alte Hasen

3

Rund und vegan? Das hat das unkomplizierte Bistro natürlich drauf. Neben *kofta* aus Gemüse in Tomatensauce gibt es *pierogi*. Die werden mit Linsen, Spinat und Tofu oder (für Süß-Fanatiker) mit Blaubeeren und Tofu gefüllt. Spinatcrêpe, Grünkohlpasta und Tempeh-Kartoffeln sind ebenfalls empfehlenswert. Kein Wunder, schließlich hat der Laden Erfahrung mit Verzicht auf Fleisch: Hinter ihm steckt das älteste vegetarische Catering-Unternehmen Polens. Spezielle Angebote für Kinder sowie Kuchen gibt es auch.

Vege Miastro · Aleja Solidarności 60a · vegemiasto.pl

Hummus sapiens

4

Mit *Tel Aviv* im Namen können die Falafel (Foto re.) nur phantastisch sein. In den mittlerweile vier Filialen schmecken aber auch andere Klassiker der israelischen Küche. Insgesamt 1,2 Tonnen Hummus verspeisen die Gäste der Ladenkette jeden Monat (behaupten zumindest die Besitzer). Abends gibt es dazu Cocktails oder Craftbeer von der Kormoran-Brauerei aus Olstyn. Am 2010 gegründeten Hauptstandort im Barviertel südlich des Bahnhofs sitzt man im Sommer schön auf der Straßenterrasse.

Tel Aviv · Ulica Poznańska 11 · telaviv.pl

Trend trifft Tradition

5

Das Bistro für den schnellen Hunger nimmt die Herausforderung an, polnische Klassiker in Vegan zu transformieren. Neben fleischlosen Fleischbällchen landen auch Kraut, Kohl und Sellerieschnitzel auf der wechselnden Wochenkarte. Ausflüge in andere Küchen in Form von Curry, Pasta oder Bulgur-Bowl unternimmt man aber auch.

Lokal Vegan Bistro · Ulica Krucza 23/31 · lokalveganbistro.pl

Absurd und gemütlich eingerichtet: die beliebte Kneipe *W Oparach Absurdu*

Wenn du schon mal da bist ...

Einfach losradeln

Die Radfahrer haben Warschau erst in den vergangenen Jahren erobert. Geholfen hat dabei die Einführung der städtischen Mietfahrräder namens *Veturilo*. Schön an die frische Luft kommst du auf den Radwegen beidseits der Weichsel. Auf den noch relativ neuen Strecken wartet pures Strampelvergnügen.
veturilo.waw.pl/de

Freiluft-Chopin

Der Königliche Bäderpark ist eine der schönsten Visitenkarten Warschaus und zugleich eine Oase der Ruhe in der Hauptstadthektik. Nahe beim Ausgang auf die Aleje Ujazdowskie öffnet sich um das Denkmal Frédéric Chopins ein kleiner Platz mit Rosenbeeten. In den Sommermonaten werden dort sonntags um 12 und 16 Uhr Gratis-Klavierkonzerte unter freiem Himmel geboten.
Łazienki-Park · lazienki-krolewskie.pl

Preiswert und solide

Magenfüllende Relikte sozialistischer Schlichtheit: In den Milchbars *(bar mleczny)*, Überbleibsel der Kollektiv-Kantinenkultur aus sozialistischen Zeiten, isst du preiswert und solide – etwa im *Goldenen Huhn*. Fleischlos geht auch!
Złota Kurka · Ulica Marszałkowska 55/73 · barzlotakurka.pl

„In den Dämpfen des Absurden" heißt eine Kneipe im alten Praga mit einem verrückt anmutenden Stilmix: alte Möbel, Sessel und Nähmaschinen mit romantischer Kerzenbeleuchtung (Foto li.). Ungezwungene, ausgelassene Atmosphäre, Biergarten, regelmäßig Livemusik und einer der wenigen Orte, an denen auch Warschauer Lieder gespielt werden. Snacks gibt es an der Theke.

INSIDER-TIPP
Kneipe mit Gesang

W Oparach Absurdu · Ulica Ząbkowska 6 · facebook: woparachabsurdu

Anfassen erlaubt

Und zwar ausdrücklich! Im *Kopernikus-Wissenschaftszentrum* erleben kleine und große Besucher spielerisch die Gesetze der Natur: Sie können auf einem fliegenden Teppich schweben und Maschinen erleben, die Gedichte schreiben. Die Angebote des Robotertheaters und des multimedialen Planetariums sind fast so spektakulär wie die Erkenntnisse von Nikolaus Kopernikus (Foto re.), der als Erster feststellte, dass sich die Erde um die Sonne dreht. Alles wird auch auf Englisch erklärt.
Centrum Nauki Kopernike · Ulica Wybrzeże Kościuszkowskie 20 · kopernik.org.pl

In der Oleandergasse

Diese kleine, versteckte Seitenstraße der großen Ulica Marszałkowska, wenige hundert Meter vom Plac Zbawiciela entfernt, hat so gut wie keinen Autoverkehr, dafür gleich eine Handvoll höchst entspannter und freundlicher, junger Kneipen.
Ulica Oleandrów

Ministeriell

Im „Kaffee-Ministerium" legt man größten Wert auf Herkunft und Röstmethoden des Kaffees. Ziemlich teuer und erstaunlich schlicht eingerichtet, aber sehr leckere Sandwiches, Imbisse und Süßes.
Ministerstwo Kawy · Ulica Marszałkowska · facebook: MinisterstwoKawy

Minibar

Hinter der Nowy Świat 22/28 versteckt sich Warschaus angesagtestes Geheimnis. Tritt man von der Prachtmeile durch ein Tor, ist man schon mitten in Pawilony, einer Reihe versteckter Minibars im Hinterhof. Das *Klaps* ist bekannt für sein Interieur mit Zapfhähnen aus Sexspielzeug. Plüschig und sehr orange kommt das *Oranż* daher. Wer danach noch nicht genug hat, geht zu *Luzztro* gleich um die Ecke zur After-Hour-Party; oder ins Pewex (s. rechts).

🍸 *Klaps, Pawilon 28 ·*
Oranż, Pawilon 12A ·
Luzztro, Aleje Jerozolimskie 6

Hübsch-hässlich

Obwohl die Warschauer dem *Kulturpalast* lange widerwillig begegneten, avancierte er zum Wahrzeichen der Stadt. Errichtet wurde der Koloss 1952–1955 auf Geheiß Stalins, entworfen von einem sowjetisch-polnischen Architektenkollektiv nach dem Vorbild der Moskauer Lomonossow-Universität. Und eines ist auf jeden Fall gelungen: Von der Aussichtsetage auf 114 m Höhe hat man einen einzigartigen Panoramablick auf Warschau.

📷 *Kulturpalast · Plac Defilad 1 ·*
pkin.pl

Am Fluss

Liegestühle im Sand? Mit einem Drink in der Hand Stadt, Mensch und Fluss an sich vorbeiziehen lassen? Das gibt's nur am neuen *Weichselboulevard*.

📷 *Linkes Weichselufer*

Immerhin

… meist vegetarisch, manchmal sogar vegan. Der Laden von Warschaus bekanntestem Süßwarenhersteller (Foto) ist eine Attraktion. Klassiker sind die Wedeltorte (Waffel mit Schokomasse) und die *ptasie mleczko* („Vogelmilch"), ein Schokokonfekt, sowie selbst gemachte Pralinen. Wer noch ein Mitbringsel sucht, liegt mit einem der Präsentpakete von Wedel sicher nicht falsch. Probier unbedingt die schön dicke Trinkschokolade im Café!

🛍 *E. Wedel · Ulica Szpitalna 8 ·*
wedelpijalnie.pl

Nostalgisch-trendy

Pewex ist jedem (älteren) Polen ein Begriff. In den Läden dieses Namens konnte man zu Kommunismuszeiten Westwaren kaufen. Darauf setzt dieser Club: nostalgischer Charakter, aber gleichzeitig trendy mit 1970er-Jahre-Design. Geboten werden House, Deep House, Elektro.

🍸 *Pewex · Ulica Nowy Świat 22/28 /*
Pawilon 26 (im Hinterhof)

Geschichtsstunde

Viele Warschauer sind zu Recht erbost, wenn Fremde den Aufstand im jüdischen Ghetto 1943 und die Erhebung der polnischen Heimatarmee (Armia Krajowa, AK) ein Jahr später in einen Topf werfen. Im Ghetto pferchten die Nazis eine halbe Million Juden ein. Viele starben an Hunger und Seuchen, die meisten wurden in Vernichtungslager deportiert. Vor dem Denkmal der Ghettohelden (Pomnik Bohaterów Getta), kniete 1970 Willy Brandt nieder. 2013 wurde direkt gegenüber das *Museum der Geschichte der polnischen Juden* eröffnet.
1944 wollte die polnische Heimatarmee die Stadt befreien, doch die deutsche Besatzungsmacht schlug die Erhebung nieder und zerstörte die Stadt. Dem Heldenmut der Stadtbevölkerung ist das Museum gewidmet, das auf multimediale Technik setzt.

📷 *Museum der Geschichte der polnischen Juden, Ulica Mordechaja Anielewicza 6, polin.pl ·*
📷 *Museum des Warschauer Aufstands · Eingang Ulica Przyokopowa · 1944.pl*

Schön langsam

An Sommerwochenenden wird's noch interessanter als sowieso schon: Beim kulinarischen *Straßenmarkt* gibt es kein schmieriges Fast Food, sondern ein mobiles Angebot Warschauer Restaurants und unabhängiger Köche.

🍴 *Slow Market · Wybrzeże Kościuszkowskie 12 · slowmarket.pl*

2013 wurde das Museum der Geschichte der polnischen Juden erbaut

6
Jahre

brauchte es, bis die kriegs-
zerstörte Warschauer Altstadt
wieder weitgehend original-
getreu aufgebaut war.

3
Prozent

aller Polen leben vegetarisch
oder vegan. Meist sind sie
jung und weiblich.

63
Tage

dauerte der Aufstand der polnischen Heimatarmee gegen
die deutschen Besatzer.

237
Meter hoch

ist der Kulturpalast. Mit Antenne.

32,97
Millionen

Polen gehören der katholischen
Kirche an. Das sind 85 Prozent
der Bevölkerung.

6
Meter

Durchmesser haben die
Zifferblätter der Uhr am
Kulturpalast.

Stock

Ihr Nachmittagskaffee ist Stockholmern heilig. Kein Tag ohne *fika*, und keine *fika* ohne Zimtschnecke. Und drei Tassen Kaffee. So geht Genuss.

holm

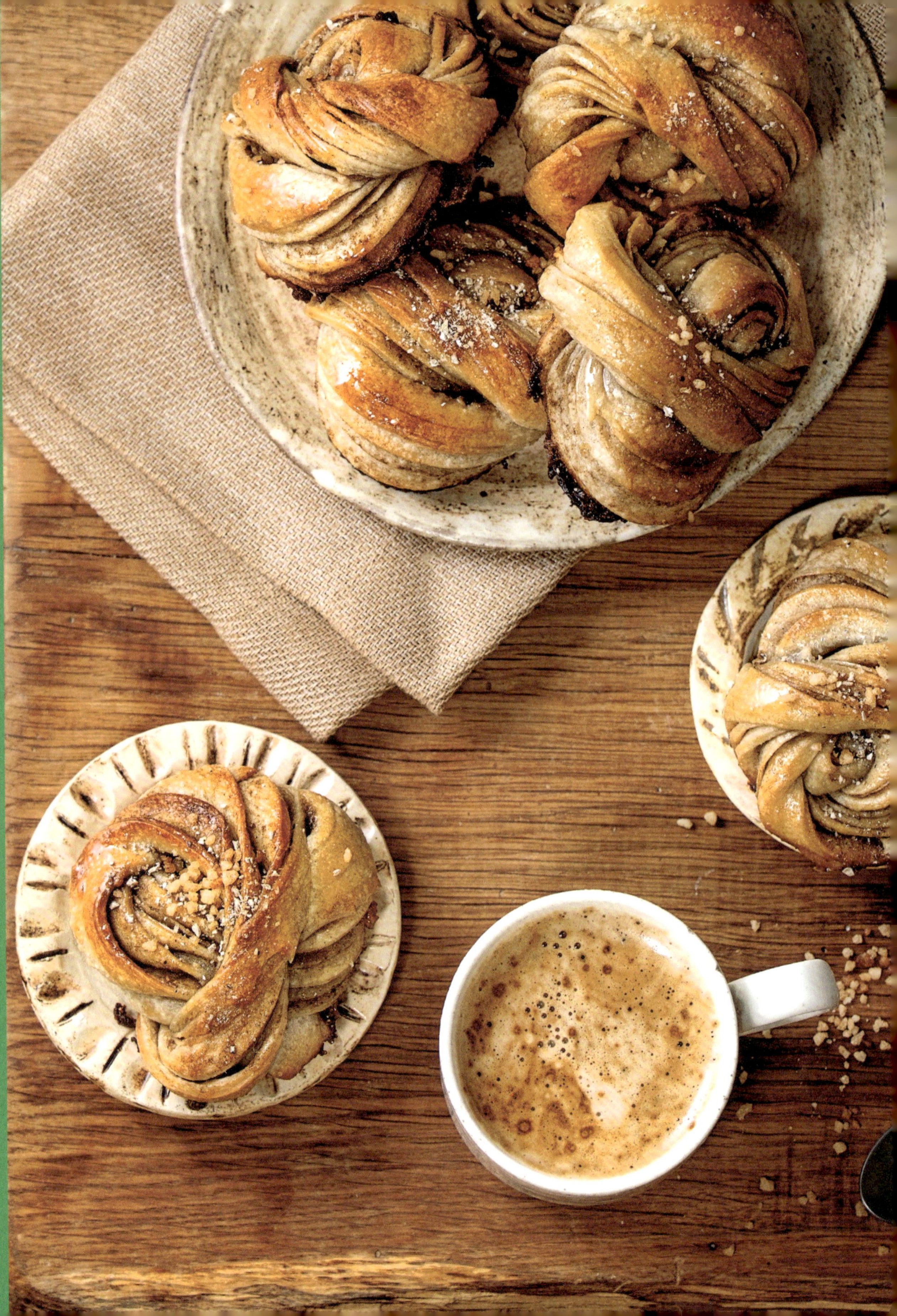

Kanelbullar sind eine Sünde wert

Stockholms tragende Rolle

Mitte des 17. Jahrhunderts entdeckten Europas
Bäckermeister den Hefeteig für sich. Rollen und
belegen, etwa mit Obst oder Nüssen, bekamen viele
hin. Zimt als Füllung war jedoch nur im seit Wikin-
gerzeiten international gut vernetzten Schweden
verfügbar. Die *kanelbulle* war geboren. (Kurzer
Fremdsprachen-Exkurs: *kanel* steht für Zimt, *bulle*
für Schnecke, und der Plural lautet *kanelbullar*. Wem
reicht schließlich eine?) Angesichts hoher Rohstoff-
preise mussten sich die meisten Schweden bis in die
1920er gedulden, um die Erfindung zumindest ab
und an im Café zu probieren. Zu Hause gefertigte
Alltagsware wurde sie in den 1950ern.

Heute ist das Gebäck fester Bestandteil der schwedischen Tradition der *fika*, wie die obligatorische
Nachmittagspause heißt. Sie besteht aus den drei
Komponenten Gesellschaft, Heißgetränk und
fikabröd, also etwas Süßes. In Büros wird sie ebenso
zelebriert wie daheim oder in Cafés. Bei einer
Stockholmer *fika* gilt es zu beachten, mehr als eine
Tasse Kaffee zu trinken und *kardemummabulle*, also
Kardamomschnecke, zu probieren. Sie hat sich
neben der Zimtvariante etabliert. Auf der Tastatur ist
die Schnecke ebenfalls angekommen. Die Schweden
nennen das @-Zeichen *kanelbulle*.

Zimt-Zauberer

Absolute Giganten

1

Um im Stockholmer Zimtschnecken-Wettstreit aufzufallen, muss man sich schon etwas einfallen lassen. Das *Café Saturnus* hat sich dazu entschlossen, die größten zu fertigen, ohne dabei geschmackliche Abstriche zu machen (Foto li.). Die kann man natürlich teilen ... muss man aber zum Glück nicht! Zudem sitzt es sich hübsch und gemütlich an Holztischen zwischen Streifentapete und Farbexplosions-Teppich.

Café Saturnus · Eriksbergsgatan 6 · cafesaturnus.se

Frauenpower

2

Wir schreiben das Jahr 1928 und ganz Stockholm ist von Konditoren besetzt. Ganz Stockholm? Nein! Eine resolute Dame namens Ester Nordhammar hat es sich in den Kopf gesetzt, ihre eigene Bäckerei zu eröffnen und der männlich dominierten Geschäftswelt eine weibliche Note hinzuzufügen. Das gelingt, auch aufgrund unwiderstehlicher Backwaren. Bis zu Nordhammars Tod 1961 wird der Laden nicht nur eine Stockholmer Café-Institution, sondern etabliert sich auch in der Förderung von Frauen, mit ausschließlich weiblichen Angestellten. Heute ist mit Johan Sandelin allerdings ein Herr Chefpatissier. Vorzügliche Zimtschnecken im Art-déco-Ambiente mit Kronleuchter bekommen man und frau aber weiterhin serviert.

Vete-Katten · Kungsgatan 55 · vetekatten.se

Hip, hip, hurra

3

Wer seine Zimtschnecke gerne unter bestangezogenen Stylos im Szenestadtteil Södermalm einnimmt, sollte nicht zu spät aufstehen. Das hippe Café mit inkludiertem Promialarm schließt schon nachmittags. Der Fokus liegt zugegebenermaßen auf frühstückesken Speisen wie Acai-Bowl, Porridge mit Hafermilch und Mandelmus oder Avocadotoast. Doch die *kanelbullar* können ebenfalls was – und zwar nicht nur gut aussehen.

Pom & Flora · Bondegatan 64 · pomochflora.se

Keine Sparbrötchen

4

Gut gefüllt ist halb gewonnen – und knausrig mit Zimt und Zucker ist die Stockholmer Bäckerinstitution wahrlich nicht. Den anderen Teil zum perfekten Zimtschnecken-Erlebnis steuert der einladende Verkaufsraum mit Holztresen, hellen Kacheln, Brotbergen sowie freiem Blick auf die Backstube bei. Wer es kuschelig mag, kann sein Backwerk an einem der kleinen Tische vor Ort verzehren. Neben Schnecken mit Zimt sind auch die Alternativen Kardamom und Safran Empfehlung wie Genuss.

Vallhalla Bageriet · Valhallavägen 174· facebook: valhallabageriet

Hände Werk und Zimtes Beitrag

5

Der Name *Fabrique* klingt nicht nach natürlichen Zutaten und Handarbeit. Doch genau das bietet die 2008 gegründete Artisan Bakery, die mittlerweile nicht nur 20 Filialen in Stockholm, sondern auch Ableger in London und New York betreibt. Mit Recht! Denn die Welt braucht dringend diese akkurat gewickelten, außen krossen, innen weichen Kanelbullar aus Nicht-Fließband-Produktion. Freunde von Herzhaftem werden mit einer belegten Sauerteigstulle glücklich.

Fabrique · Filiale Gamla Stan: Lilla Nygatan 12 · fabrique.se

Im Lakritsroten-Laden bist du endgültig im süßen Himmel angelangt

Wenn du schon mal da bist ...

Rang und Namen

Von No-Names bis zu den Topstars der Fotografie: Das *Fotografiska* bekommt sie alle. Hippes Museum für moderne Fotokunst in einem alten Industriegebäude am Wasser. Preisgekröntes vegetarisches Biorestaurant mit Panoramafenster!

📷 *Fotografiska museet · Stora Tullhuset, Stadsgårdshamnen 22 · fotografiska.comi*

Abheben

Der Traum vom Fliegen wird bei *Bodyflight* wahr. Im Windtunnel pustet dich ein Luftstrahl in die Höhe, und du fliegst wie mit 200 Stundenkilometern im freien Fall! Aber besser nicht mit vollem Zimtschneckenbauch ...

🚀 *Bodyflight · Bryggerivägen 10 · bodyflight.se*

Ganz entpannt

Einen Sommerabend entspannt ausklingen lassen kannst du in dieser angesagten Lounge-Bar zum Draußensitzen am Wasser.

🍸 *Mälarpaviljongen · Norr Mälarstrand 64 · malarpaviljongen.se*

Musik zum Nulltarif

Junge Virtuosen der *Königlichen Musikhochschule* zeigen in Konzerten, was sie musikalisch so alles draufhaben. Von Klassik bis Folk. Ganz umsonst oder günstig.

🎻 *Königliche Musikhochschule · Valhallavägen 105 · kmh.se*

Vergiss Ikea!

Kein Stockholmbesuch ohne Zimtschnecke. Und erst recht nicht ohne Köttbullar! Besonders leckere hat *Kalf & Hansen:* Vater Rune und Sohn Fabian setzen auf nordisches Fast Food ohne schlechtes Gewissen: Hier dreht sich alles um die gute, alte Frikadelle (natürlich frisch!). Aus Fleisch, aus Fisch oder vegan – Hauptsache öko und selbst gemacht. Und die schmecken ganz anders als bei Ikea!

🍴 *Kalf & Hansen · Mariatorget 2 · kalfochhansen.se*

Genieß den Augenblick

Schöne Sandstrände, bunte Holzhäuser: Schwedenidylle pur auf der Insel Sandön mit dem Ort Sandhamn (Foto). Der ist wahnsinnig beliebt, besonders bei jungen Leuten. Du lässt das alles links liegen und spazierst 20 Minuten zum kleinen und feinen Sandstrand Trouville. Hier – weitab vom Schuss – kannst du baden, dich im warmen Sand aalen und den Augenblick genießen.

📷 *Trouville-Strand bei Sandham· destinationsandhamn.se*

Mit Nitroglycerin ließ er es richtig krachen, mit Dynamit wurde er richtig reich: Alfred Nobel stiftete seine Kohle, damit werden seit 1901 die Nobelpreise finanziert. Wer sie bekommen hat und für was und wer der Mann war, der sie kurz vor seinem Tod ins Leben gerufen hat, erfährst du hier im alten Börsenhaus von 1788, spannend und multimedial aufbereitet.

INSIDER-TIPP
Preisverdächtiges Eis

Tipp: Probier das leckere Nobel-Eis im Bistro Nobel! Eisbomben dieser Art wurden auf den Nobel-Banketts 1976–1998 serviert.

📷 *Nobelmuseet · Stortorget 2 · nobelcenter.se*

Im Lakritzhimmel

Die Schweden lieben Lakritz! Im *Lakritsroten*-Laden gibt es eine riesige Auswahl davon. Einfach mal hingehen und probieren.

🛍 *Lakritsroten · Regeringsgatan 44 · lakritsroten.se*

Made in Sweden

Etablierte und junge Designer präsentieren in dieser Stockholmer Institution ihre ausgefallenen und funktionalen Ideen. Tolle Mitbringsel!
Designtorget · mehrere Filialen z. B.
🛍 *Sergelgången 29 beim Kulturhuset · designtorget.se*

Rollendes Café

Vom Norrmalmstorg bis nach Skansen fährt die alte Straßenbahn *Djurgårdslinjen 618*, die zum Café umgebaut wurde. Ideal für Fußmüde und die Pause zwischendurch.
🍴 *Djurgårdslinjen 618 · djurgardslinjen.se/en*

Eine Nase für Trends

„Immer einen Schritt voraus" ist die Philosophie des Edelkaufhauses *Nordiska Kompaniet*. Ob Barbiepuppe, Nylonstrümpfe oder Jeans – NK hatte sie in Schweden zuerst. Bummle über fünf Etagen mit exklusiver Mode, Einrichtung und Designartikeln sowohl schwedischer wie internationaler Designer.
🛍 *NK Nordiska Kompaniet · Hamngatan 18–20 · nk.se*

Lospaddeln

In und um Stockholm kannst du reichlich Wassersport treiben – Kajaks leihst du bei *Långholmen Kajak* oder im *Djurgårdsbrons Sjöcafé*, dort auch Kanus und Tretboote.
🚣 *Långholmen Kajak · Alstaviksvägen 3 · langholmenkajak.se*
🚣 *Sjöcafé · Galärvarvsvägen 2 · sjocafeet.se*

Dancing Queen für Zuhause

Walk in – dance out! Du wolltest schon immer mal auf der Bühne stehen? Als Dancing Queen? Das ist deine Chance. In diesem Museum kannst du deinen Abba-Lieblingssong aufnehmen und dir dann digital nach Hause schicken lassen. Und du darfst Abbas legendär-schrille Bühnenkostüme anprobieren. Dazu gibt es – natürlich – jede Menge Musik, Kostüme und Bildmaterial der erfolgreichsten schwedischen Band aller Zeiten. Keine Riesenausstellung, aber für alle Fans von Agnetha, Anni-Frid, Björn und Benny ein Muss (Foto li.).
📷 *Abba-Museum · Djurgårdsvägen 68 · abbathemuseum.com*

Stockholm zu Füßen

Die Fjällgatan ist eine der schönsten Straßen Södermalms auf dem Stigberget mit phantastischem Blick auf Stockholm. In der hübschen Straße und den umliegenden Gassen stehen malerische Holzhäuser aus dem 18. und 19. Jh. Die Aussicht genießt man am besten bei einem Eis in *Fjällgatans Kaffestuga*, das Familie Blomqvist hier seit fast 50 Jahren nebst anderen Leckereien serviert. Geht man die Fjällgatan hoch oben auf den Höhen Södermalms weiter entlang Richtung Osten, vorbei am Ersta-Krankenhaus kommt man zur *Ersta Terrass*, einem Café ebenfalls zum Draußensitzen mit großartigem Blick auf Stockholm.
🍴 *Fjällgatans Kaffestuga · Fjällgatan 37 · fjallgatan.com*
🍴 *Ersta Terrass · Fjällgatan 45 · erstadiakoni.se*

Unter der Brücke

Unter einer Autobahnbrücke am südlichen Ende Södermalms vergnügt sich junges, alternatives Publikum bei Drinks, Musik und Boule im *Trädgård*. Trotz seiner Stadtrandlage ist es ein populärer Outdoor-Club. Im Sommer tanzt und trinkt man rustikal im Garten, in den anderen Monaten zieht man um in eines der Gebäude „unter der Brücke" am Skanstull. Livemusik, Theater, Restaurant und Boulebahn.
🍸 *Trädgård/Under Bron · Hammarby Slussväg 2 · husetunderbron.se*

Treppen steigen in Södermalm lohnt sich für den besten Blick auf Stockholm

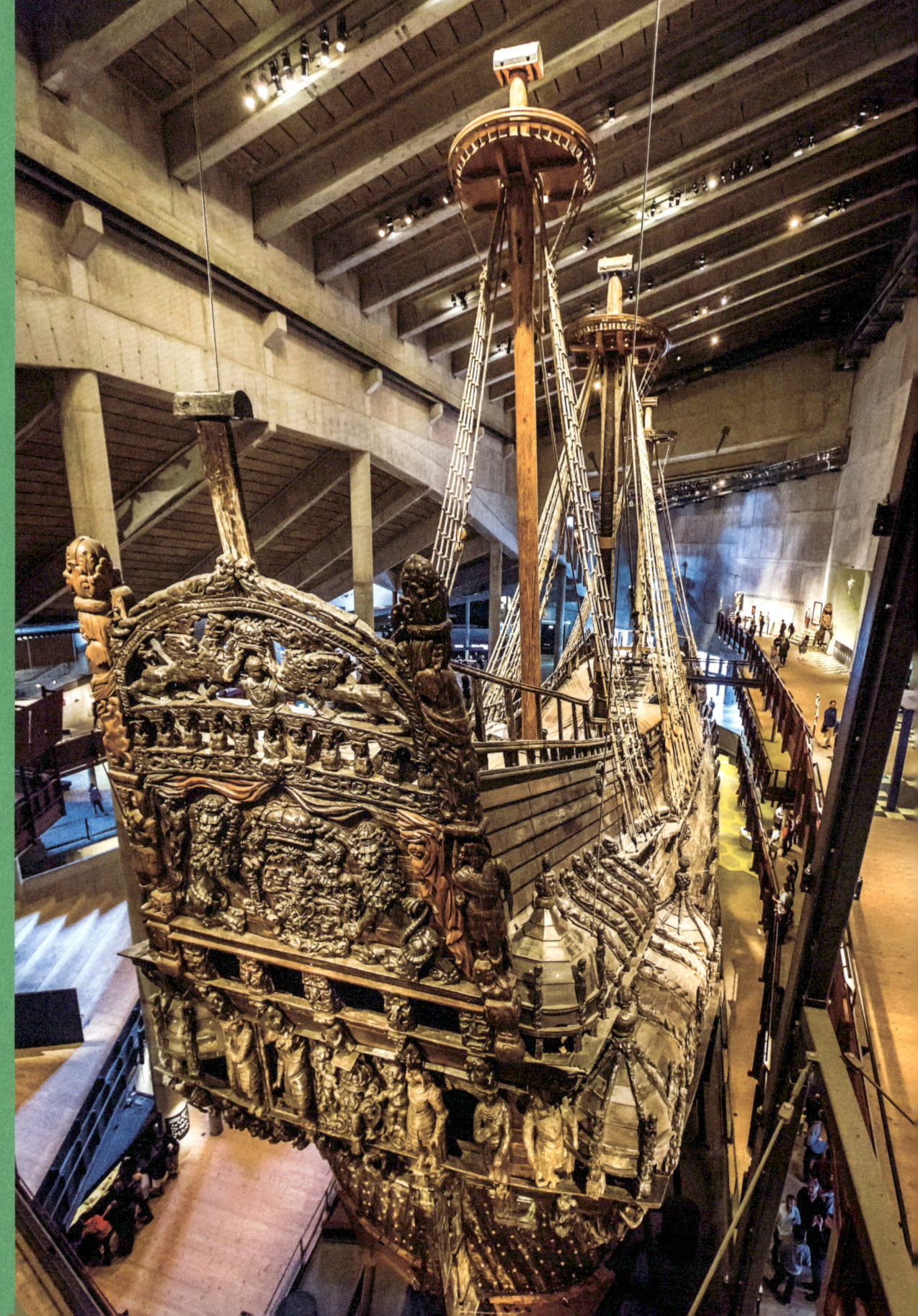

1 : 3

Auf jeden 3. Stockholmer kommt ein Hund.

1800
Sonnenstunden

verzeichnet Stockholm pro Jahr. Zum Vergleich: In Freiburg im Breisgau sind es nur 1750.

333
Jahre

ruhte das Kriegsschiff Vasa auf dem Grund des Stockholmer Hafens, bis es 1961 geborgen wurde.

4.
Oktober

ist Zimtschneckentag in Schweden. Nicht zu verwechseln mit dem Waffeltag am 25. März.

992
Fensterscheiben

wollen im Königlichen Schloss regelmäßig geputzt sein.

53
Brücken

verbinden die 14 Inseln Stockholms.

Ich weiß, was du nächsten Sommer getan haben wirst.

Widder

21. März – 20. April

Du willst hoch hinaus, doch Mars hat dir Steine in den Weg gelegt. Na und? Nimm einen Umweg zu Häusern mit Ambitionen, an Wolken zu kratzen: nach New York. Luftveränderung tut gut, und bedeutet nicht, vom rechten Weg abzukommen.

Stier

21. April – 20. Mai

Du willst mit dem Kopf durch die Wand. Doch die Suche nach der großen Liebe funktioniert so nicht. Schalt einen Gang zurück und mach mal Kaffeepause! Stockholm ist dafür perfekt, und zumindest Liebe zu Zimtschnecken dort garantiert.

Zwillinge

21. Mai – 21. Juni

Netflix oder Kino? Pizza oder Pasta? Du bist dir gerade selbst uneins. Fahr nach Düsseldorf und lass dir zeigen, wie Gegensätzliches zusammengeht. Was japanische und rheinländische Kultur schaffen, schaffst du auch!

Waage

24. September – 23. Oktober

Um dein inneres Gleichgewicht wiederzufinden, brauchst du Meerluft. Warum auf ein Meer beschränken, wenn du mit Schwarzem und Marmarameer zwei haben kannst? In Istanbul sieht deine Welt gleich anders aus.

Skorpion

24. Oktober – 22. November

Du willst etwas in deinem Leben ändern. Überfordere dich nicht! Im Kern geht es dir prima; manches braucht nur neuen Pep. Warschau ist ein guter Ort, dich darauf zu besinnen: bei polnischer Hausmannskost, modernisiert auf vegan.

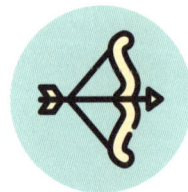

Schütze

23. November – 21. Dezember

Volltreffer! Dir gelingt einfach alles. Wenn du so weitermachst, will dein Büro dich noch heiraten. Wolltest du nicht an der Work-Life-Balance arbeiten? Fahr mal runter und in den Urlaub. Berlin ist nah und passt perfekt zu deinem Aktivitätslevel.

Krebs

22. Juni – 22. Juli

Jeder kennt diese Tage, an denen man sich nur verkriechen möchte. Du bist mit diesem Gefühl nicht allein! Doch es hilft nichts – raff dich auf, zieh los und lass dich auf andere Gedanken bringen in Madrid. *Churros* im Magen helfen dir dabei.

Löwe

23. Juli – 23. August

Venus sei Dank! Du strotzt vor Energie und Tatendrang. Nutze das, um deinen Horizont zu weiten. Ein Kulturschock ist genau das Richtige für dich. In Peking findest du die nötige Herausforderung – und leckere Teigtaschen.

Jungfrau

24. August – 23. September

Deine bewundernswerte Disziplin hilft dir sonst immer, aber angesichts des aktuellen Stresslevels solltest du dringend mal lockerlassen und genießen. Brüssel wartet auf dich mit Pommes, Bier und Schokolade.

Steinbock

22. Dezember – 20. Januar

Du bist umtriebig und Neuem gegenüber aufgeschlossen – das ist toll. Vergiss darüber deine langjährigen Freunde nicht. Zeit für eine gemeinsame Reise! In Wiens Kaffeehäusern stärkt ihr euch und euer Freundschaftsband.

Wassermann

21. Januar – 19. Februar

Dir kann nichts schnell genug gehen. Dank Jupiter ist eine gute Zeit, aufzudrehen und dich voll ins Leben zu stürzen. In der Metropole London findest du genau das Tempo und die Inspiration, die du gerade brauchst.

Fische

20. Februar – 20. März

Dir ist derzeit alles zu viel. Das ist verständlich. In den vergangenen Wochen hast du viel durchgemacht. Gönn dir eine Pause in schöner Umgebung und spazier durch Dresden und das Elbtal. So beruhigt packst du auch das Kommende.

Lob oder Kritik? Wir freuen uns auf deine Nachricht!

Trotz gründlicher Recherche schleichen sich manchmal Fehler ein. Wir hoffen, du hast Verständnis, dass der Verlag dafür keine Haftung übernehmen kann.

MARCO POLO Redaktion
MAIRDUMONT
Postfach 31 51
73751 Ostfildern
info@marcopolo.de

MIX
Papier aus verantwortungsvollen Quellen
FSC® C015829
www.fsc.org

Fotos: Huber-images: A. Bartuccio (80/81), F. Carovillano (24), D. Coppa (115), K. Dadfar (126), O. Fantuz (89), D. Gatti (144/145), P. Giocoso (38), J. Huber (65), S. Kremer (40), Mirau (103), M. Rellini (36), R. Schmid (142), A. Serrano (39, 56/57), S. Serrano (66), R. Taylor (86); mauritius images: M. Abid (18/19), H.T. Kaiser (139), V. Preusser (98 rechts), Sánchez Pereyra (153), S. Vidler (14, 88, 108), J. Warburton-Lee (46 links, 48), E. Wrba (44); mauritius images, The Picture Pantry: N. Breen (146); mauritius images/Alamy (112, 128), A. Yu (2 Mitte, 150), C. Alexe (98 links), R. Bradley (74), O. Bratanova (93), G. Brown (70), Cavan (64), D. Cole (26), De Rocker (13), W. Dieterich (28), V. Fischer (104), P. Forsberg (25), T. Gainey (87), A. Garcia (68/69, 77), D. Gromov (60 unten links), R. Grosso Dolarea (82), G. Holubowicz (37), R. Johnson (72 rechts), S. Kelly (63), M. Kemp (110 links), A. Khrobostov (94/95), P. Kibenko (110 rechts), Lesia (134), R. Levine (32, 35), V. Lung (75), B. McConville (34 links), A. Mychko (60 unten rechts), I. Patrick (102), R. Podlaski (136 rechts), S. Rohrlach (122 links), B. Rottem (10 links, 10 rechts, 60 oben), Schoening (120), K. Solovyeva (73), K. Sriskandan (100), J. Tack (8), Tilialucida (118/119), L. Vallecillos (132/133, 141), E. Voss (136 links), Wanderluster (138), Wiskerke (72 links), W. Wiskerke (11), J. Wlodarczyk (62), U. Zunic (96); mauritius images/Alamy/Bildagentur-online: Schoening (122 rechts); mauritius images/Alamy/Blue Jean Images (2 unten, 114); mauritius images/Alamy/EBRF: I.G. Dagnall (127); mauritius images/Alamy/Efesenko (6/7); mauritius images/Alamy/Food: P.E. Forsberg (137); mauritius images/Alamy/HelloWorld Images (151); mauritius images/Alamy/Imageplotter (84 rechts); mauritius images/Alamy/MARKA: Yuen Man Cheung (111); mauritius images/Alamy/Martin Thomas Photography (76); mauritius images/Alamy/Mint Photoraphy (152); mauritius images/Alamy/one-image photography (90); mauritius images/Alamy/pictureproject (46 rechts); mauritius images/Alamy/PjrTravel (16); mauritius images/Alamy/Stockimo: B. Johnson (34 rechts); mauritius images/Alamy/StockphotoVideo (99); mauritius images/Alamy/TTstudio (42/43); mauritius images/Alamy/ZUMA Press, Inc (148 links); mauritius images/BQ (125); mauritius images/Danita Delimont: K. Su (116); mauritius images/DESEO/Onoky (124); mauritius images/Imagebroker: F. Hollweck (52), A. Schauhuber (101); mauritius images/imageBroker: K.F. Schöfmann (20); mauritius images/Imagebroker: P. Seyfferth (15), F. Vbienewald (49); mauritius images/Imagebroker/Intro: R.F. Streussloff (50); mauritius images/Masterfile R.M.: R.I. Lloyd (154); mauritius images/Mint Images Ltd. (22 rechts); mauritius images/pa: R. Schlesinger (123); mauritius images/ProCip: R. Harding (12); mauritius images/Signumlux (27); mauritius images/The Picture Pantry: Schmid und Hirsch (22 links); mauritius images/Westend61: H. Nachtmann (30/31); Shutterstock: Darios (140), A. Hubenov (84 links), Leocks (51), Starcookie (148 rechts), Tekkol (58), Theerawan (113), Trabantos (78), Zhao Jiankang (106/107); shutterstock/travellight (2 oben); Shutterstock/travellight (85); Shutterstock/Zoonar GmbH (47)

1. Auflage 2021
© MAIRDUMONT GmbH & Co. KG, Ostfildern

Autorin: Juliane Schader
Autoren „Wenn du schon mal da bist": Berlin: Christine Berger, Juliane Schader; Brüssel: Sven-Claude Bettinger, Moritz Stadler; Dresden: Angela Stuhrberg; Düsseldorf: Franziska Klasen, Doris Mendlewitsch; Istanbul: Jürgen Gottschlich, Dilek Zaptçioğlu; London: Kathleen Becker, Birgit Weber; Madrid: Martin Dahms, Susanne Thiel; New York: Alrun Steinrück, Christina Horsten, Felix Zeltner; Peking: Fabian Peltsch, Dr. Hans-Wilm Schütte; Stockholm: Tatjana Reiff; Warschau: Mirko Kaupat; Wien: Benjamin Breitegger, Anna Thalhammer, Walter M. Weiss

Redaktion: Christin Ullmann
Bildreaktion: Gabriele Forst
Illustrationen Horoskop: flaticon.com
Visuelle Konzeption und Editorial Consulting: grandquest.de

Printed in Italy

Wohin will dein Herz als Nächstes?

Entdecke die schönsten Seiten der Welt. Ob Asien oder Amerika, Berlin oder London – mit Marco Polo findest du die passende Reiseinspiration. Mehr Infos unter *marcopolo.de*